予測不能な時代に
確実に成功へ導く

プロジェクトマネジメント

後藤彰弘
GOTO AKIHIRO

幻冬舎MC

予測不能な時代に確実に成功へ導く

プロジェクトマネジメント

はじめに

現代社会は急速な技術革新、グローバル化の進展、社会的・政治的変動、経済の不確実性、そして環境問題の影響により、非常に複雑で予測困難な状況にあります。このような状態を「ＶＵＣＡ」と呼びます。

ＶＵＣＡとは、Volatility（変動性）、Uncertainty（不確実性）、Complexity（複雑性）、Ambiguity（曖昧性）の頭文字を取ったもので、絶えず変化し続ける不安定な環境を表している造語です。

移り変わりの激しいＶＵＣＡの時代では、企業は不確実な環境のなかで組織に適応力を持たせながら、これまで以上に経営戦略を柔軟に変更していく必要があります。

なかでもプロジェクトの推進においては、当初描いていた計画が途中で変更を余儀なくされ、予定どおり進むことがかつてより難しくなるなど、日々変化する状況に対応しなくてはならない機会が増え影響は甚大です。これによりまとめ役であるプロジェクトマネージャーに求められる能力も変わってきているのです。

例えば、現代のプロジェクトでは関与するステークホルダーがいっそう多様化しています。そのため、さまざまな立場や価値観を持つ人たちをまとめあげ、共通の目標へ導くことが求められます。こうした状況では、従来以上に「統率力」（対人コミュニケーション能力）が重要になります。

また、社会や技術の進歩がかつてのように緩やかではなく、不連続かつ複雑に変化しているために、不測の事態が頻発し、従来の計画どおりに進めることが難しくなっています。こうした環境では、状況を先読みし、柔軟に対応できる「先見力」（プランニング能力）も磨かなくてはなりません。

さらに、変化が激しくすぐに計画が陳腐化してしまう環境においてはこれまでのルールを基に判断するだけではプロジェクトが行き詰まることが多くなっています。これまでとは違った方法で計画に対して軌道修正ができる的確な「対応力」（柔軟でアグレッシブな行動力）も重要となっています。このようにＶＵＣＡの時代においては、プロジェクトの種類や規模を問わず、プロジェクトマネージャーがこれら３つの力を磨くことが今まで以上に必要になっているのです。

私は、1991年からコンサルティングファームでプロジェクトマネージャーを支援するPMO（Project Management Office）コンサルタントとして数々のプロジェクトに参画してきました。2003年からは大手広告会社に転職し、当時はグループ最大の海外拠点である北京現地法人で経営管理全般の改革プロジェクトを推進し、英国の広告会社買収後の再編に関わるなど、企業同士の経営統合を実務レベルで経験しました。その後、2017年に独立してからは業務改革やITに関する企業のプロジェクトマネジメントを横断的に支援することを専門に多くの企業をサポートしています。

本書では、これまで私が大切にしてきたプロジェクトマネジメントの考え方や知見をIT分野に特化したものではなく、あらゆる業界やプロジェクトにおけるマネジメントに役立つ普遍的・実践的な内容でまとめました。

異なる思考や感情を持つ生き物であるさまざまな人間とともにプロジェクトを進める以上、方法論やツールに頼ることなく、「人」をよりどころとするマネジメントはなくなることはありません。この本を通じて、我々誰もが持っている人間力を活かし、不測の事態になったプロジェクトをも楽しんで取り組める人が一人でも増えれば、これほどうれしいことはありません。

なお、ある企業においてプロジェクトを推進する社内の責任者・リーダーを指す「プロジェクトマネージャー」と、それを支援するＰＭＯメンバーや外部から招聘されたＰＭＯコンサルタントは本来立場が異なりますが、本書ではプロジェクトマネジメントに携わる専門職の総称として「プロジェクトマネージャー」と呼ぶこととします。

目次

第2章
テクノロジーが進化を続ける激動の現代において変えてはいけないプロジェクトマネージャーとしての「信条」

第3章
説得よりも納得、さらに納得よりも共感を目指す
共通の目標へ組織をまとめあげる「統率力」

第4章 予測不能な未来に潜む障害やリスクに立ち向かう プロジェクトの一歩先を読み切る「先見力」

第5章 ビジネス環境の変化を敏感に察知し柔軟に計画を変更する 変化をチャンスに変える「対応力」

本書のフレームワーク

第1章
従来のプロジェクトマネジメントが通用しない現代

なぜ、従来のノウハウや手法だけではプロジェクトをリードすることができなくなっているのか

↓

プロジェクトマネジメント哲学の骨子

第2章
激動の現代において変えてはいけないプロジェクトマネージャーとしての「信条」

社会変化や技術進歩に翻弄《ほんろう》されないために、私たちが持つべき原理原則・信条とは何か

第3章
共通の目標へ組織をまとめあげる「統率力」

プロジェクトマネジメントの要は対人コミュニケーション

必ず起こるコンフリクトや人間の心理に潜むバグにいかに対処していくか

第4章
プロジェクトの一歩先を読み切る「先見力」

プロジェクトの成否を左右するプランニング能力

先が読めない状況のなかでも創造力を武器に仮説をつくり上げいかに前へ進めていくか

第5章
変化をチャンスに変える「対応力」

柔軟でアグレッシブな行動力そのためのマルチタスクのすすめ

変化やリスクを恐れず逆に前向きに受け入れ、楽しみ、いかにチャンスに変えていくか

↓

第6章
プロジェクトマネジメントの哲学が人生をも豊かにする

「人生」も一生かけて挑むあなた自身のプロジェクト
あらゆる哲学をプライベート・ライフにも応用しよう

第1章

AIの登場やテクノロジーの進歩により変化するビジネスシーン従来のプロジェクトマネジメントが通用しない現代

世の中はプロジェクトであふれている

プロジェクトマネジメントという言葉を聞くと、たくさんの人が関わる大規模なビジネスプロジェクトや複雑な技術開発を思い浮かべ、「自分はそんなことはやったことがない」と考える人も多いかと思いますが、そんなことはありません。皆さんの日常は、実はプロジェクトマネジメントの連続で成り立っており、ただそのことに気づいていないだけなのです。

例えば、誕生日会や旅行、結婚式や引っ越しなどのイベントもすべてが立派なプロジェクトです。

プロジェクト（Project）とは、ある目標を達成するための計画や、その一連の活動のことで、誰もがこのプロジェクトを自然とマネジメント（管理）しています。

誕生日会を開こうと思ったときに、「いつやるのか？」「どんな会にしたいのか？」といった目標設定（○月○日に、皆を集めて楽しい会を開く）、「どこでやるのか？」「何を用意するのか？」「プレゼントはどうするか？」といった目標実現のための具体的な計画立案（装飾材料・食材・プレゼント決め、スケジュール管理）を行っています。そして決めた計画を実行（会場装飾、提供する献立の調理、会の実施）に移し、当日、無事に会が済んだあとに会のことを振り返り、皆から「楽しかったね、またやろう」などと、評価（ゲストの反応、自己評価）がされているはずです。

この一連の流れは、まさにプロジェクトマネジメントの基本的なフレームワークです。

プロジェクトマネジメントは古代から行われていた

プロジェクトマネジメントは最近になって始まったものではありません。古代から続く人類の営みのなかで、ずっと行われてきました。

農耕社会における集落単位での季節ごとの農作業は、共同体メンバーの役割分担、計画、準備、実行、完了といった段階があり、立派なプロジェクトマネジメントです。春の種まきから秋の収穫まで、天候や土壌の状態を考慮しながら適切なタイミングで必要な作業を行うことは、目標設定（豊作を目指す）、計画立案（作付け計画、労働力の配分）、実行（耕作、水の管理、害虫対策）、評価（収穫量の確認、来年への改善点の洗い出し）というプロジェクトの流れそのものです。

しかし現代において、ほとんどの人は日常生活の大半を無意識裡《り》に過ごしているため、意識的に「マネジメント」している人はもしかしたらそう多くはないかもしれません。

ビジネス現場における体系的なプロジェクトマネジメント

多くの関係者たちを巻き込み、企業や組織が定めた目標を実現するために、緻密な計算や分析に基づいて積み上げていくのが、ビジネス現場におけるプロジェクトマネジメントです。途中の軌道修正はあったとしても、基本的に失敗は許されないなかで進めていくものになります。

ビジネスでは特定の目標や成果を期限内に達成することが求められます。その実現に向けて計画の策定、資源の適切な配分、チーム間の利害調整、進捗の監視など、あらゆる要素を体系的に管理していかなければなりません。この基本的なプロジェクトマネジメントの考え方は、より複雑で大規模なものにおいても同様であり、新製品の開発やシステム導入、組織改革などにおいても、成功を支える重要な役割を果たします。

プロジェクトマネジメントでは、部門間や外部パートナーとの連携、予算管理、リスク分析、品質管理、さらには株主や顧客への説明責任など、多岐にわたる要素のすべてを適切に管理しなければなりません。これらを円滑に行うには、体系立てられた手法と適切なツールの活用が必要になります。

そのため多くの企業は、国際基準となっているPMBOK（Project Management Body of Knowledge：プロジェクトマネジメント知識体系）やPRINCE2（Projects IN Controlled Environments 2：実践的プロジェクトの管理手法）といった標準的なプロジェクトマネジメント手法を導入しています。

代表的なフレームワークPMBOKとPRINCE2

PMBOKは、プロジェクト管理のための手法を体系的にまとめたガイド（方法論）です。プロジェクトの始まりから終わりまでを5つの主要プロセス（立ち上げ、計画、実行、監視とコントロール、終了）に分け、各段階での手順を詳細に示しています。また、作業領域やコスト、リスク管理などについても具体的な方法が解説されており、特に複雑なプロジェクトの管理に適しています。PMBOKは、アメリカをはじめ、世界中で幅広く活用されている信頼性の高いガイドラインです。

一方、PRINCE2は、英国の政府が開発したプロジェクト管理手法で、主に公共プロジェクトや大規模プロジェクトでの使用が多く見られます。PRINCE2では、プロジェクトを7つのプロセス（立ち上げ、指示、開始、各段階の管理、成果物の納品管理、ステージ境界の管理、クロージング）に分け、それぞれのプロセスでの役割や責任を明確にする点が特徴です。また、プロジェクトの規模や業界に応じて柔軟にカスタマイズできるため、多様な環境に適用しやすいのも利点です。

両フレームワークはどちらもプロジェクトを計画どおりに進め、成果を確実にするための強力なツールです。これらのプロジェクトマネジメント手法を活用することで、ビジネスの中核となるプロジェクトの実行を支え、企業の持続的な成長につなげることができます。

なお、本書でも数多く引用しているPMBOKは、IT業界におけるプロジェクト管理手法の確立に広く応用された経緯から、IT領域専門の方法論と誤解されることがあります。しかし、もともとは建築・製造業におけるプロジェクトマネジメントの標準化を目的として開発された方法論であり、プロジェクトマネジメントは業界や分野を問わない普遍的な概念です。本書ではITシステム開発に関するプロジェクトを多く例に挙げていますが、これは理解を深めやすくするためであり、決してIT関係者だけを対象としているわけではありません。

高度な専門職として認知され始めたプロジェクトマネージャー

40~50年前は、現代のようにプロジェクトマネジメントの概念が普及しておらず、その存在価値もほとんど認識されていませんでした。1991年からコンサルティングファームでキャリアをスタートした私は、PMO（Project Management Office）コンサルタントとして数々のプロジェクトに参画し、海外拠点における経営管理改革や企業統合・再編などを経て、現在は独立コンサルタントとして活動していますが、この30年以上の期間を通じて、プロジェクトマネジメントの大きな変遷を目の当たりにしてきました。

私が社会人になったばかりの頃のプロジェクトの中心は、実際に作業を行う人々でした。例えばシステム導入では、「システムエンジニア」が要件定義や設計といった上流工程を、「プログラマー」が仕様に基づいた開発を担っており、プロジェクトマネージャーは極端にいえば全体の計画や管理を補佐する役割にすぎなかったのです。これは、システム構造や作業タスクが単純で、プロジェクトメンバーのスキルや経験値も似通っていたことが要因です。そのため、トラブルも少なく、作業者中心にシステム構築を進めていくことが可能でした。

また、日本特有の「現場（営業）主義」も影響していました。「お客様は神様です」という考え方のもと、多くの企業が顧客第一主義で事業活動を行っており、営業部門は「フロントオフィス」として最も重視されていました。一方、企業全体の業務改革を担当するプロジェクトマネージャーが所属する管理部門やシステム部門は、あくまで営業活動を支える「バックオフィス」として位置づけられており、事業活動における補佐的な役割にとどまっていたのです。

特に高度経済成長期には、需要が旺盛で市場が拡大していたため、特別な差別化や高度なプロジェクト管理がなくとも、標準化された商品やサービスを提供するだけで十分に売上を伸ばすことができました。この結果、複雑なプロジェクトを管理する技術よりも、目の前の顧客に全力で向き合う営業活動が優先され、プロジェクトマネジメントの重要性が十分に認識されないまま現在に至っているのです。つまり、高度経済成長期には、同じ商品やサービスを提供し続けるという、過去に成功したビジネスモデルだけで売上を伸ばすことができたため、新たな取り組みを行うときに必要となるプロジェクトマネジメントへの関心は薄かったのだと考えられます。

加えて、システム構築の現場においては、開発作業を受託するベンダー側の認識不足も大きな問題でした。本来、プロジェクトマネジメントの価値を最も理解しているはずのべンダーが、プロジェクトマネージャーにかかる費用をクライアントに請求しないことが多かったのです。ベンダーが利益を得るための主要な業務は工数が大きい設計や開発作業であったため、プロジェクトマネージャーのコストは間接費用としか考えられていませんでした。私が転職した広告代理店の業界においても、売上に占める収入の割合はテレビやラジオに流したCMの仲介手数料が圧倒的に高く、それ以外のサービス提供にかかる委託費用をクライアントへ請求する慣習がありませんでした。IT業界における収益構造とまったく同じ問題を抱えていたのです。当時のビジネス慣習において、プロジェクトマネジメントも広告会社の各種サービスも「無形」であるがゆえ、その価値が軽視されていたのですが、クライアント側だけでなく、本来価値に応じた対価を正当にアピールしなければならないベンダー側も容認していたのです。今振り返ると、信じられないことです。

プロジェクトマネジメントの難易度の急速な高まり

プロジェクトマネージャーの重要性が認知され、急速に高まったのは1990年代です。その背景には、この時期から、ビジネス環境や技術が大きく変化し、プロジェクトそのものが複雑化したことがあります。

まずグローバル化の進展によって、企業は国際的な競争に直面するようになりました。これに伴い、プロジェクトも多国籍化し、異なる文化や言語、時差を考慮しながら進める必要が出てきました。また、顧客ニーズの多様化や技術の高度化により、システムの規模や複雑さが飛躍的に増大しました。

さらに、インターネットの普及やモバイル技術の発展により、システム間の連携や統合が求められるようになり、プロジェクトの範囲も広がっていきました。Windows95が登場し、個人がＰＣを手軽に利用できるようになり、インターネットを含めたネットワーク環境が整備され、デジタルシフトが加速していきました。かつてはシンプルなシステム構造で済んでいたものが、技術面だけでなくコンプライアンス強化やリスク対応といった各領域で、高度な専門知識が必要になり、結果として一人で複数のタスクをカバーできなくなってきたのです。

こうしたなか、プロジェクトマネージャーが担う管理対象も広がり、今日では各領域への幅広い理解が要求されるようになっています。「技術開発」であればＡＩとデータアナリティクス、「コンプライアンス強化」であれば内部統制と監査、「リスク対応」ではサイバーセキュリティと品質管理など、それぞれの分野が細分化され、さまざまな知識が求められる時代です。

現在、「複雑化」「多様化」「高度化」はもはや単独に起こるのではなく、同時に発生するケースが増えています。プロジェクトの業務プロセスは複雑に絡まり合い、さまざまなコンフリクト（衝突）やトラブルが発生しやすくなってきたのです。

とりわけＡＩ技術の進化は、近年最も顕著な変化の一つです。ＡＩでは膨大なデータが扱われるため、適切な活用には高度な専門知識や最新技術が求められます。それに加え、プライバシー保護や倫理問題など、対応すべき課題は多岐にわたります。

現代において、難易度の高いプロジェクトが企業の競争に直接影響を及ぼすことから、経営層はプロジェクトマネジメントの重要性をますます認識するようになってきたのです。

従来のプロジェクトマネジメント手法が通用しなくなってきた

一方で、これまで主流とされてきた「ウォーターフォール型開発」にも、限界が見え始めています。この手法は、要件定義から設計・開発までの工程を、一つずつ順序立てて進めていくという特徴があります。各段階が明確に定義されているため、確実性と効率性に優れ、多くのプロジェクトで採用されてきました。

しかし、ビジネス環境の急速な変化や技術革新のスピードが加速するなかで、ウォーターフォール型では対応が難しい課題が次第に目立つようになったのです。主な課題として次の点が挙げられます。

・プロジェクト期間の長期化：段階的な進行で開発期間が長期化しやすい。
・変化への対応の難しさ：途中での要件・設計変更が難しい。
・顧客ニーズとの乖離《かいり》：完成時に要件が古くなる恐れがある。
・リスクの後ろ倒し：重大な問題が後半で発覚するリスクがある。

これらの課題に対処するため、近年ではアジャイル開発などの新しい手法が注目されています。これらの手法は、短期間での反復的な開発と頻繁なフィードバックを特徴とし、変化への迅速な対応を可能としています。

ＰＭＢＯＫもこの変化を積極的に取り入れています。２０２１年8月に発行された第7版では、従来の「手順（プロセス）」や「成果物（形式的なアウトプット）」を重視するアプローチから、「原理・原則（プリンシプル）」や「本来の価値実現」を重視するアプローチへと大きく方向転換しました。これは、ＶＵＣＡ「Volatility（変動性）」「Uncertainty（不

PMBOKフレームワークの大転換

PMBOK6までのプロセスベース指向では、プロジェクトの目標実現の全貌を示すフレームワークとして維持できなくなり、PMBOK7で大幅な改版がなされた。

✓プロセス重視から、原理・原則（プリンシプル）重視へ
　➡5つのプロセス群が、プロジェクトマネジメント12の原理・原則へ変更
✓成果物(形式的なアウトプット)よりも、本来の価値が実現されることに焦点を当てる
　➡10の知識エリアが、8つのパフォーマンス領域に変更

PMBOK6のフレームワーク

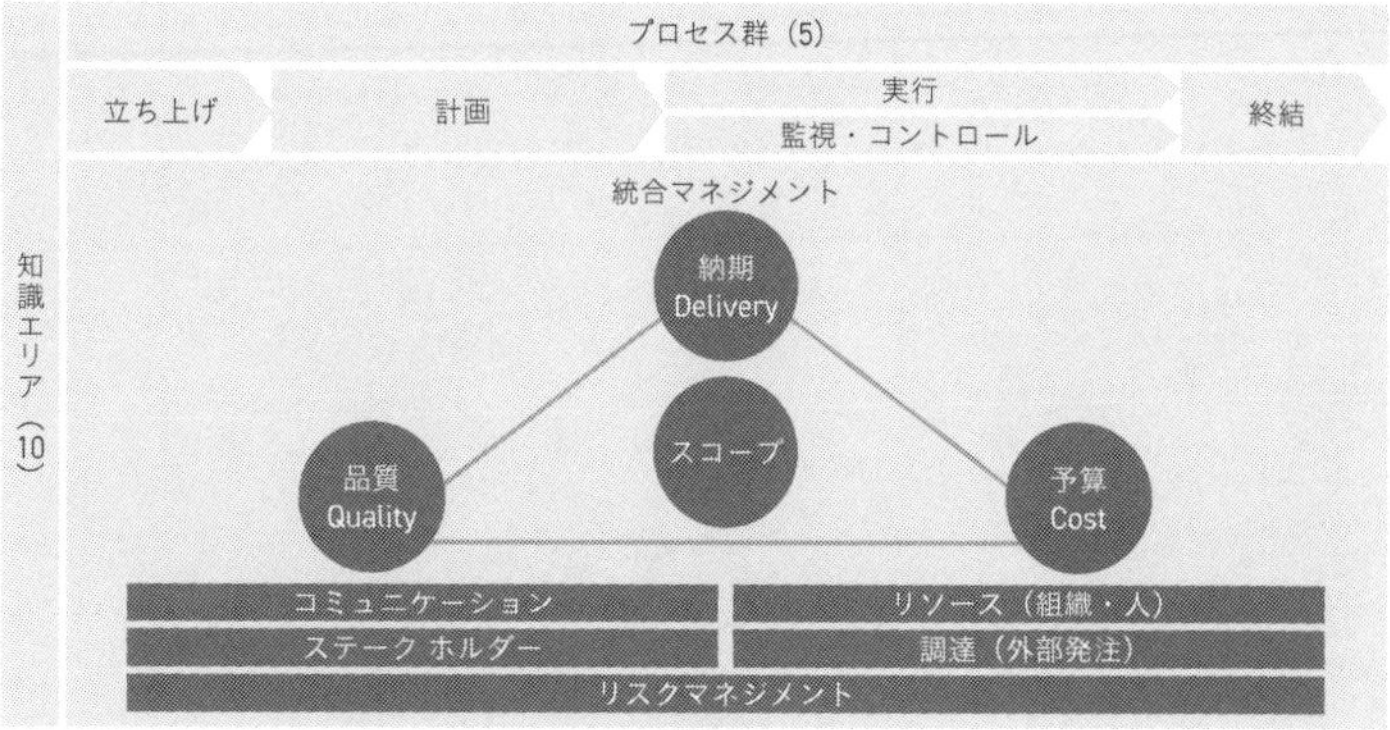

PMBOK7のフレームワーク

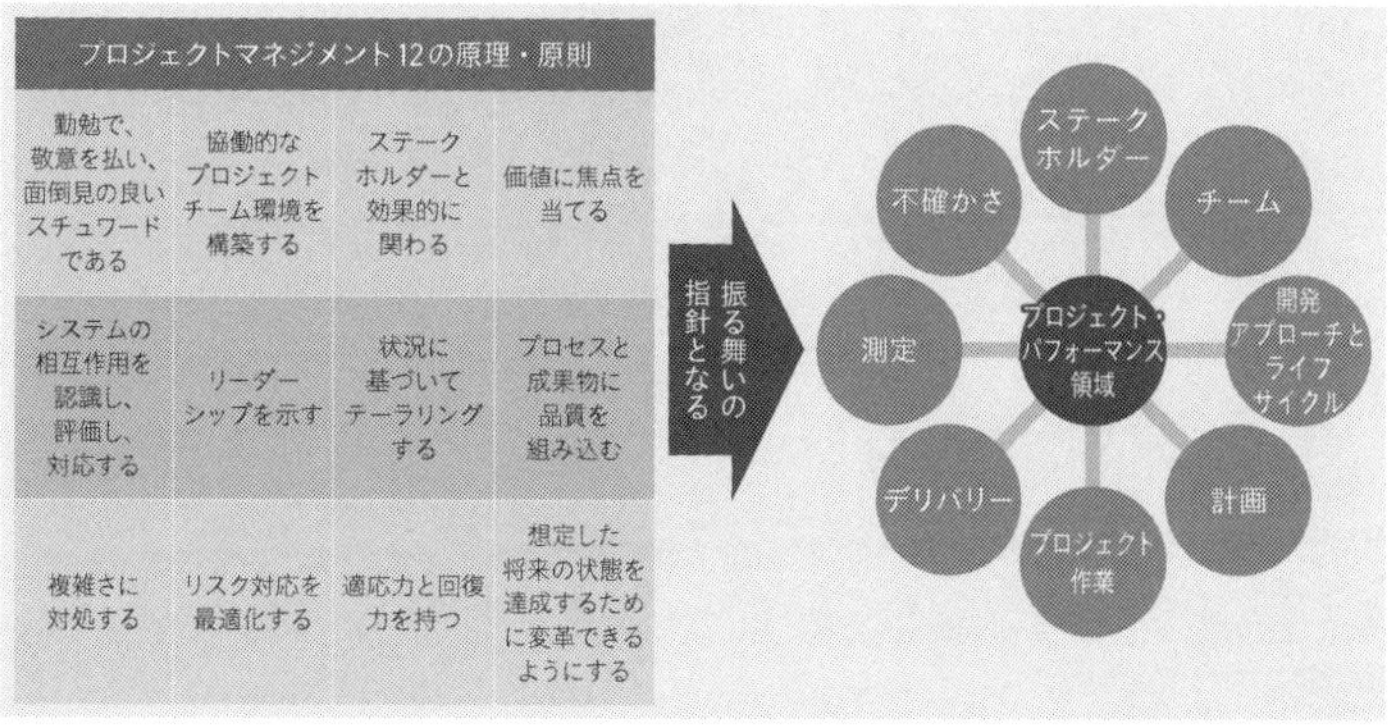

確実性）」「Complexity（複雑性）」「Ambiguity（曖昧性）」の時代に対応するための大胆な変革です。

これらの動向は、プロジェクトマネジメントの分野におけるパラダイムシフトを示しており、プロジェクトマネージャーには従来の計画重視の手法だけでなく、柔軟性と適応性を持ったマネジメントスキルが求められています。

私自身、この変化の重要性を日々の実務で強く感じています。今後のプロジェクトマネジメントでは、プロジェクトごとに異なる特性やおかれた環境を踏まえて、従来の手法と新しいアプローチをバランスよく組み合わせることが必要です。例えば、予測が容易で段階的に進められるプロジェクトについては従来のウォーターフォール型の手法が有効です。しかし、顧客の要求や技術の変化が激しく最初からすべてを見通すのが難しいプロジェクトでは、アジャイルなアプローチが求められます。このように、最適な手法を選択し状況に応じて柔軟に対応できることが、今後ますます重要になっていくと考えられます。

ノウハウや手法だけでは「解」を見いだせなくなってきた

システム導入における現代のプロジェクトマネジメント手法は、急激な変化や不確実性に対応する「アジャイル型開発」が主流になりつつあります。この手法では、短期間で要件定義から設計、開発、テストまでのサイクルを繰り返すことで、仕様の変更を柔軟に吸収し、システムを進化させていくことが可能です。従来の「ウォーターフォール型開発」がエラーの発生を最小限に抑えることを目指すのに対し、「アジャイル型開発」ではある程度のエラーを容認して、トライアンドエラーの作業を「成功へと至るための必要プロセス」としてとらえます。試行錯誤を繰り返すことで、少しずつ改善を重ねながら、最適な解決策を導き出す考え方が重要視されています。しかし、日本のように計画重視の文化が根付いている環境では、この「柔軟性」を活かすアプローチになじみにくい部分もあるようです。

「アジャイル型開発」は万能ではなく、導入しただけで成功が保証されるわけではありません。アジャイルの手法やノウハウも、技術革新や社会変化により陳腐化するリスクがあ

ウォーターフォール開発とアジャイル開発の特徴

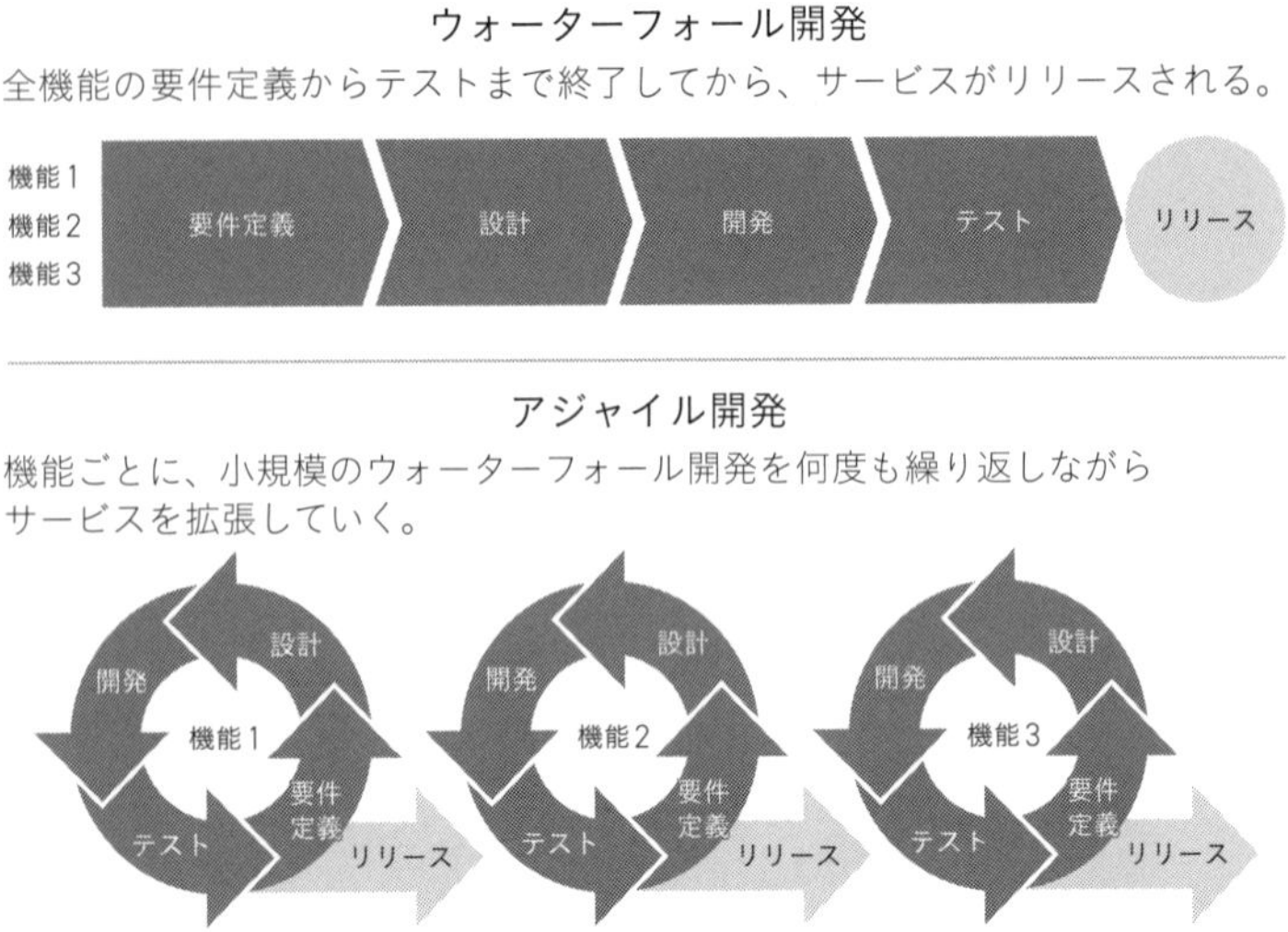

ります。日本情報システム・ユーザー協会の「企業ＩＴ動向調査報告書２０２３」によれば、５００人以上の大規模案件において工期を守ることができたプロジェクトはわずか14・2%で、約9割が予算、品質、納期のいずれかに問題を抱えています。この数字は、プロジェクト管理の難しさを如実に物語っています。そのため、手法やノウハウの習得に加え、組織文化やチームの働き方、さらには外的要因まで見据えた多面的なアプローチが必要であり、プロジェクトの成功には総合的かつ継続的な改善が求められているのです。さらに、経営陣のサポート不足、コミュニケーションの欠如、スキル不足、組織文化との不一致、外部パートナーとの調整不足、適切なツールの欠如

などもプロジェクトの成功を妨げる要因として挙げられます。

こうした課題が見えているなかで、プロジェクトマネジメントにおいては、技術的な解決策だけでなく、より幅広い要因を考慮することが求められています。現在のプロジェクトマネジメントの多くは、ステークホルダーの価値観や意思決定が複雑に絡み合っています。さらに人間の感情、倫理観、直感など論理では割り切れない要素も混ざり合うため、単なる論理的な計画や管理だけでは最適解を導き出すことは難しく、進行がいっそう複雑なものとなるのです。まさに「カオス（渾沌《こんとん》）」といえる状況です。

プロジェクトマネジメント×哲学というアプローチ

プロジェクトマネジメントには変化に応じていくための多くの課題があり、それに対応するための学習や進化が求められています。しかし、単なる手法やツールの知識だけを積み上げればよいのではありません。人間の本質をとらえた普遍的に活用できる考え方を実践に取り入れていく手腕が同時に求められているのです。それが「プロジェクトマネジメント哲学」です。このプロジェクトマネジメント哲学を理解するためには、まず始めに「人間中心のアプローチ」「継続的な学習と適応」「全体最適の追求」といった普遍的な原則を考慮することが必要です。

「人間中心のアプローチ」では、プロジェクトは技術やプロセスだけで成り立つものではなく、最終的には人間の行動と協力があることを重要視します。したがって、チームメンバーやステークホルダーとの信頼関係の構築がプロジェクト成功の鍵となります。

「継続的な学習と適応」は、常に変化しているプロジェクト環境に柔軟に対応するために、学び続ける姿勢が必要だという考え方です。単に技術的な知識を追い求めるだけでなく、異なる業界や分野からも洞察を得ることが重要です。

「全体最適の追求」とは、プロジェクトの成果が組織全体の戦略や目標にしっかりと一致し、最大の価値をもたらすよう取り組む姿勢を指す考え方です。プロジェクトが一部の目標のみを達成したとしても、全体の利益につながらなければ長期的な成功は望めません。

そして、プロジェクトマネジメント哲学の実践において何よりも欠かせないのは、プロジェクトマネージャー自身の心構えです。リーダーシップやコミュニケーション、課題解決のスキルはもちろんのこと、自身の内面的な成長や倫理観も重要です。プロジェクトを通じて学び続け、自ら変化を受け入れ、変化を活かすことができるマネージャーこそ、真に成功するプロジェクトを率いることができるのです。

このように、プロジェクトマネジメントは単なる技術や方法論を超えて、哲学的な視点を持つことで初めてその真価が発揮されます。技術革新や市場の変化が激しい現代において、普遍的な哲学に基づいたアプローチこそが、時代を超えて価値を持ち続けるものだと私は考えています。

プロジェクトマネジメント哲学の構成

プロジェクトマネジメント哲学の骨子

第2章
激動の現代において変えてはいけないプロジェクトマネージャーとしての「信条」

哲学・思想は
プロジェクトマネジメントにとって
普遍的な本質

- ✓ 中庸の徳
- ✓ 足るを知る
- ✓ 認知的不協和
- ✓ 反脆弱性
- ✓ アンダーマイニング
- ✓ 秩序と無秩序
- ✓ 差別は同質性から
- ✓ 最適解より満足解

筆者が経験から学んだ
プロジェクトマネジメントの教訓

- ✓ 結果にコミット
- ✓ 認知バイアスの罠
- ✓ リソースは有限
- ✓ 適度なあそびを持つ
- ✓ バグはシステムより人間
- ✓ 黒子でまとめ役
- ✓ 多角的にとらえる
- ✓ できないことを決める
- ✓ 完璧を求めない

第3章
共通の目標へ組織をまとめあげる「統率力」

プロジェクトマネジメントの要は対人コミュニケーション

- ✓ 何を(WHAT)どうやって(HOW)、よりもなぜ(WHY)が大切
- ✓ 目的(WHY)を共有し可視化する
- ✓ 悪い情報もオープンにする
- ✓ 相手のモチベーションを高め続ける
- ✓ コンフリクトをマネジメントする
  - ・相手の優先順位を見抜く
  - ・共通する目標・価値観を意識させる
  - ・コンフリクトは進化につながる
  - ・コンフリクトを楽しむ
- ✓ 説得より納得、納得より共感
- ✓ 相手を打ち負かしてはいけない
- ✓ 人には100%伝わらない

第4章
プロジェクトの一歩先を読み切る「先見力」

プロジェクトの成否を左右するプランニング能力

- ✓ 創造力で不確かな状況に備える
- ✓ 変則的な作業手順も採用する
- ✓ プロコン（長短所）分析を使いこなす
- ✓ 仮説立案→検証→課題抽出
- ✓ バックキャスト思考
- ✓ 未来次第で過去が変わる
- ✓ 計画よりもまず実行
- ✓ 演繹法《えんえきほう》より帰納法
- ✓ 実行しないリスクを認識する
- ✓ リスクを可視化し合理的に対応する
- ✓ 大局と細部を自在に切り替える
- ✓ すべてのスケジュールを同期する
- ✓ 作業期間を適切に設定する
- ✓ 密結合と疎結合を応用する
- ✓ 教科書を鵜呑みにしない
- ✓ 真の利害関係をつかむ

第5章
変化をチャンスに変える「対応力」

柔軟でアグレッシブな行動力そのためのマルチタスクのすすめ

- ✓ マルチタスクを推奨する6つの理由
- ✓ マルチタスクの4つの弊害
- ✓ 会議をできる限り定例化する
- ✓ トラブル対応と感情は切り離す
- ✓ 無駄な記憶は積極的に忘れる
- ✓ 連絡は即レスが基本
- ✓ 細部にとらわれずメリハリをつける
- ✓ プロジェクトのリズムをつかむ
- ✓ スケジュールをビジュアル化する
- ✓ 自分にストレッチをかける
- ✓ 物事の対極性を意識する
- ✓ 二項対立の構造を崩す
- ✓ 順調な状態を疑う
- ✓ 予定調和は危険信号
- ✓ 悪魔の代弁者を投入する

第2章

テクノロジーが進化を続ける激動の現代において 変えてはいけない プロジェクトマネージャーとしての「信条」

哲学はプロジェクトマネジメントの普遍的な本質

現代において、プロジェクトマネジメントの技術や方法論は急速に進化しています。プロジェクトマネージャーは新しい知識やノウハウを常に取り入れる必要がありますが、それらは時代の流れとともに陳腐化することも少なくありません。そこで重要となるのが「プロジェクトマネジメント哲学」です。

この哲学は、人間の本質が変わらない限り、どの時代でも活用できる普遍的な考え方であり、その価値は変わりません。例えばプロジェクトがどんなに複雑であっても、根底にあるのは人と人との信頼や協力関係であり、また、限られた資源や時間をどう活用して目標を達成するかという点は変わりません。哲学として「目的の明確化、効果的なコミュニケーション、柔軟な適応力」などを身につければ、こうした課題に対して本質的な解決策を見いだすことができ、プロジェクトの種類や規模を問わず柔軟に対応できます。そして経験を積むほどにその価値は増し、マネージャーとしての能力が高まるのです。

プロジェクトが予算や品質面で計画どおりに進行していない場合、個別のノウハウだけでは解決できない多くの困難や課題が存在することを示しています。プロジェクトの特性や状況は千差万別であり、その変化に即座に対応するためには、普遍的な哲学に基づいた判断力が欠かせません。哲学を活用すれば、どのような状況でも臨機応変に対処し、計画の遅延やトラブルといった困難を乗り越える力を養うことができます。

さらに、この哲学はＩＴプロジェクトだけにとどまらず、ほかの領域のプロジェクトマネジメントや日常生活のさまざまな場面にも応用可能です。経営戦略の立案やイベントの運営、家庭での子育てや時間管理など、あらゆる場面でプロジェクトマネジメントの根幹となる考え方は共通しています。そのため、哲学としてその本質を理解し、自分の行動指針として身につけることで、多くの場面でその効果を発揮することができるのです。

つまり、プロジェクトマネジメントの哲学を学ぶことは、単に仕事の効率を上げるだけでなく、公私において自己成長を促し、どんな時代や状況でも通用する普遍的なスキルと視点を養うことにつながります。これこそが、哲学が最強の武器である理由なのです。

「中庸の徳」と「足るを知る」

私は、１９９１年からコンサルティングファームでＰＭＯコンサルタントとしてキャリアをスタートし、２００３年に大手広告会社に転職しました。北京現地法人では経営管理改革プロジェクトを推進し、英国の広告会社との合併再編にも関わりました。その後、2017年に独立し、業務改革やITプロジェクトを専門として多くの企業を支援しています。これらの経験を通じて、私はさまざまなプロジェクトマネジメントの重要な考え方に触れてきました。

論語には「中庸の徳」という孔子の言葉が出てきます。これはプロジェクトマネジメントを行ううえで、とても重要な考え方です。原文では「中庸の徳たる、其れ到れるかな。民鮮きこと久し」とあり、不足でもなく過ぎることもない、適切で調和の取れた行動こそが最高の人徳であると説かれています。この考え方を私なりに解釈すれば、「自分の限界を理解し、一歩引いて物事に関わることができる」という意味になります。

プロジェクトに携わるうえで、「どこまでできるか」を知っておくことは、プロジェクトマネージャーにとって極めて重要です。限界をわきまえ、適切な判断を下すことでプロジェクトはスムーズに進行します。しかし、限界ギリギリの状態で走り続けていては、周囲の状況を冷静に見渡したり、新たな知識やアイデアを取り入れたりする余裕もなくなり、いずれ発想の幅も狭まってしまいます。さらに、予期しないトラブルに見舞われた際に慌てて感情的な判断をしてしまい、プロジェクト全体が崩れる危険もあります。

まずは、自分の限界値を把握することが大切です。そのための方法として、私が実践しているのは、自らにストレッチをかけるために、過去の経験に比べて少し多めの案件や難易度の高い案件を意図的に受けることです。これにより、自分の限界ラインが明確になり、「中庸」を保つための目安ができるのです。プロジェクトマネジメントは試行錯誤の連続であると覚悟し、取り組みながら学び、軌道修正していくことが肝要です。

自分の限界値というのは、工夫次第で広げることができます。例えば、担当するプロジェクトが増加すると自らが出席しなければならない会議の数も増えますが、もし内容や参加者が重複している場合、複数の会議を統合し内容を改善することで時間の無駄を省くことができます。

また、プロジェクトマネージャーが注意すべき点として、「特定の作業を持たない」ことが挙げられます。特定の作業を持つと、客観的な判断ができなくなる可能性が生じます。メイン業務はあくまで品質、コスト、納期の管理です。例えば、会計システムを導入する場合、請求・支払処理や自動仕訳作成、月次・年次の集計管理など、多様な機能が求められます。そして、それぞれの機能の設計をエンジニアが担当しますが、プロジェクトマネージャー自身が特定の機能を設計するのは避けるべきです。なぜなら、自身の担当機能に対して多くの時間や労力をかけざるを得なくなり、プロジェクト全体の最適化において正しい判断ができなくなる恐れがあるからです。したがってどうしても人手が足りない場合は、優先順位の低い機能を検討対象から外したり、新たに人材を投入したりするなどの対応により、プロジェクトの規模と人員のバランスを取ることを最優先に取り組むべきです。このような考え方も、プロジェクトマネージャーとしてのキャパシティを広げることにつながります。

さらに、プロジェクトマネジメントにおいてもう一つ重要な教えがあります。それは、「足るを知る」です。これは老子の言葉で「現状に満足できる者こそ、真の豊かさを得る」という意味が一般的ですが、私は「自らの限界を知り、周囲にも過度な期待を抱かないこと」と解釈しています。これは「中庸の徳」とも通じる考え方で、相手への過度な要求は傲慢《ごうまん》さにつながり、関係性にひずみを生むという解釈です。

プロジェクトマネジメントにおいては、100%の正論を突きつけることが常に正解ではありません。相手の逃げ場をつくり、ポジティブな気持ちで協力し合える環境を整えることこそが成功への道であるといえます。

既存の哲学（概念や思想）から学び、活用する

我々人間が持つ感情は、物事の見方に独自の価値観を当てはめたり、考え方に独特の偏りを持たせてしまったりするものです。一つの絶対的な正解があるわけではなく、世の中には多様な価値観や考え方が存在します。プロジェクトは多様で複雑な要件と、それらを担当するさまざまな背景や専門性を持つ人々が関わることから、プロジェクトマネージャーには多様性を理解し、受け入れる寛容さと柔軟な姿勢が求められます。私には、自身の行動指針に取り入れている概念がいくつかあります。覚えておくとプロジェクトの現場で必ず役立つはずです。

①認知的不協和

認知的不協和とは、自らの境遇や行動と矛盾する認知（思考や信念）を持つことで生じる心理的な不快感のことを指します。そして、その不快感を軽減しようと、人は無意識のうちに自分の信念や考えを変え、矛盾を排除してしまう場合があります。このプロセスにより、結果として非合理的な行動や態度を取ってしまうことがあるのです。

通常私たちは自分の認知と矛盾する選択・行動を避けるものと考えがちです。このとき認知的不協和が生じます。不快感を解消するために矛盾した行動を取るという状態です。例えば、健康に悪いと認知しつつも喫煙を続ける人が「喫煙を止めるとストレスが溜まり、精神衛生上良くないから」と理由づけをするのも認知的不協和を解消するための行動です。自分の信念と行動の矛盾を正当化することで心理的な調和を保とうとします。

ビジネスの現場などでステークホルダーと接する際には、この認知的不協和の現象を理解し、相手が自分の信念と矛盾した行動を取っていないか、注意深く見極めることが大切です。

②反脆弱《ぜいじゃく》性

「反脆弱性」という言葉は、哲学者であり作家であるナシーム・ニコラス・タレブが提唱した概念です。彼の著書のなかで「反脆弱性」は「脆弱性」と正反対の性質として定義されています。通常、「脆弱」とはストレスや変化、混乱に対して壊れやすく、被害を受けやすい状態を指します。一方、「反脆弱性」とは、そうしたストレスや混乱に耐えるだけでなく、それを力に変えて成長することを意味します。

ビジネスの現場における反脆弱性とは、外部からの圧力や混乱、不確実性に直面したとき、ただ耐え忍ぶのではなく、それらを活用して自身のパフォーマンスを向上させようとする概念です。この考え方を持つ人は、多くの人が避けたがる困難や逆境にもあえて挑戦し、それを自己成長の糧とすることができます。

例えば、あるビジネスが市場の急激な変動や予期せぬトラブルに直面したとき、ただその状況に耐え抜いて元に戻ることだけを目指すのは「レジリエンス（回復力）」です。しかし、「反脆弱性」の考え方を持つビジネスは、その変動を逆に利用し、新しいビジネスチャンスを見つけたり新しい戦略を試したりすることで、さらに成長することができます。

このように、「反脆弱性」は積極的に変化を受け入れ、それを成長の糧とするための戦略的な思考です。

③アンダーマイニング効果

アンダーマイニング効果（Undermining Effect）は、報酬やインセンティブが動機づけに与える影響を示す重要な心理学的現象です。この効果を理解するためには、まず「内的動機づけ」と「外的動機づけ」の違いを知ることが重要です。内的動機づけとは、活動そのものが楽しかったり、興味深かったりすることで行動が促される状態を指します。例えば、趣味で楽器を演奏することや、純粋な知的好奇心で本を読むといった行動がこれに該当します。一方で外的動機づけは、金銭的報酬や賞賛、昇進といった外部から与えられるインセンティブによって行動が促される状態を指します。

しかし、もともと内的動機づけで行っていた活動に報酬が与えられることで、その活動が「仕事」「義務」として認識されてしまい、楽しさややりがいが低下するマイナスの効果もあります。これがアンダーマイニング効果です。他者からの評価や報酬を強く意識することで、活動自体の魅力が薄れ、内的動機づけが弱まってしまう恐れがあるのです。

つまり外的報酬は、短期的にはパフォーマンスを向上させますが、長期的には探究心や創造性を阻害する影響も考えられます。報酬が目的化してしまうと、報酬がなくなった途端にその活動を続ける意欲が失われることが多いのです。

アンダーマイニング効果は、決してすべての場面でマイナスに生じるわけではありません。単純作業や創造性を必要としないタスクでは、外的報酬がパフォーマンス向上に効果的な場合も多いです。ただし、学習や創造的な活動、自由な発想が求められる場面では、マイナスの効果が顕著に表れやすいことに注意が必要です。

④秩序と無秩序

組織の運営形態は、トップダウン型とボトムアップ型の2つがよく比較されます。一般的にはトップダウン型の組織は「独裁的」で、ボトムアップ型の組織は「自由で民主的」といった見方をされがちですが、それぞれに長所と短所があります。

トップダウン型の組織は、意思決定のスピードが速く、非常時やスピードが求められるプロジェクトではその強みが発揮されます。トップ（社長やリーダー）の判断のもと、メンバー全員が統一された行動を取るため、全体の動きが一貫し、効率的に物事を進めることができます。一方で、現場の声が上に届きにくい場合があり、メンバーの士気や創造性が損なわれるリスクも存在します。

これに対して、ボトムアップ型の組織では、現場のメンバー一人ひとりの意見や考えが尊重されます。そのため、組織全体としての意思決定には時間がかかりますが、現場の発想が活かされ、メンバーのモチベーション向上や主体性の発揮が期待できます。ただし、スピードが重要な場面では対応が遅れる可能性があります。

トップダウン型の「秩序」とボトムアップ型のいわば柔軟性を重視する「無秩序」は、それぞれのプロジェクトや状況によって適用すべき場面が異なります。常に秩序が無秩序より優れているわけでもなければ、自由・民主的であることが独裁的であることより優れているわけでもありません。プロジェクトマネージャーとしては、その時々の状況や目的に応じて、どちらのアプローチを採用するかを見極めることが求められます。

⑤差別・格差と同質性

同じような考えの人々が集まれば集まるほど、差別や格差が生まれやすくなります。それは、人間社会において、集団の大多数（マジョリティ）の考え方や行動と異なる態度を取る人（マイノリティ）に対して、その異質性を攻撃しようとする傾向が強くなるからです。コロナ禍では同調圧力が社会問題になりましたが、まさにこの現象だといえます。一方、多様な考え方を持つ人が多い組織では、異なる視点からの学びが増えます。プロジェクトマネージャーに求められるのは、この多様性のあるチームづくりです。

多様な考え方や価値観を持つ人々が集まることで生まれる組織の強みは、非常に多岐にわたります。まず、メンバー各自が異なる背景や経験を持ち寄るため、問題解決において従来にはない創造的かつ革新的なアプローチが可能となります。異なる視点が融合することで、従来の一面的な見方では気づかなかった問題を発見し、新たなビジネスチャンスを見いだすことができるのです。その結果、チームの知識やアイデアの幅が広がり、新しい付加価値が生まれます。

さらに、多様性には異文化理解を深め、互いの尊重を育むという利点もあります。異なる価値観や習慣を持つメンバー同士が協力することでコミュニケーションが深まり、互いの強みや個性を尊重し合う環境が生まれます。その結果、チーム内の信頼関係が強化され、メンバー全員が一丸となって課題に取り組む一体感が生まれるのです。多様性に基づくチームの団結力は、組織が困難な状況に直面した際にこそ、その強みを発揮します。

逆にメンバーの同質性が高い組織は、マネジメントが容易になる側面もありますが、成長の機会にはあまり恵まれません。多様なバックグラウンドを持つメンバーを率いることで、新たなリーダーシップスキルが必要とされ、それがリーダー自身の成長やスキルの向上につながります。その結果、チームビルディングや意思決定のプロセスがより洗練され、効果的な組織運営が実現できるのです。

⑥最適解より満足解

プロジェクトにおいて、完璧な解（最適解）を求めるのはほぼ不可能です。それでも最適解を求めようとするなら、優秀な人材をかき集め、あらゆる手段を講じて分析や作業を進めなければならず、膨大な費用と時間を要します。しかし基本的に限られたリソースのなかで取り組まなくてはならないのがプロジェクトです。与えられたリソースを最大限活用しながら、いかにしてプロジェクトオーナーが満足できる解を提案できるか、あるいは一緒につくり上げていけるかがポイントになります。したがって、理想を追求しすぎず、あえて実用的で満足できるレベルでの解決策を探ることで、むしろより良い結果を導くことができます。

また、これには完璧を目指さないことで過度なプレッシャーを避けられるという利点があります。適度な余裕（あそび）があるため、状況に合わせた変化に対応でき、新たな工夫やアイデアを反映しやすいのです。この違いを認識していることも、プロジェクトマネージャーにとっては大切です。

ここで紹介した概念は、世の中に存在する原則のごく一部にすぎません。一見プロジェクトマネジメントとは無関係に思えても、非常に有益なヒントを与えてくれる教えがたくさんあるのです。これらの概念が示す内容は普遍的なものであり、ビジネスの現場では強力な武器になります。

最終結果にコミットする

ここからは、私が経験を通じて学んだ独自の哲学ともいえる教訓について述べます。まず挙げるのは結果へのコミットです。プロジェクトマネージャーは、プロジェクトを成功に導くために最終的な目的を常に見失わずに取り組むことが重要です。単にプロジェクトを期限どおりに終わらせることを目的化してはなりません。本来の目的を達成するためであれば、プロジェクトのプロセスやアプローチは柔軟に変更しても構いません。トライアンドエラーを繰り返しながら、結果に近づいていくことが肝心です。

「失敗」や「間違い」は無駄なコストのように考えられがちですが、これらはより良い結果に至るための大切なプロセスです。だからこそ、チャレンジを続けることが求められます。

「結果にコミットする」とは、単にプロジェクトの成功に責任を持つだけではなく、自分自身のために結果を出すという強い意志を持つことでもあります。誰かの顔色をうかがうのではなく、絶対的な視点でプロジェクトに向き合い、プロジェクトマネージャーとしての役割やクライアントからの期待をしっかりと理解し、それを目的や課題に落とし込んでアクションにつなげていきます。

例えば、業務の効率化が目的である社内システム導入プロジェクトであっても現場の従業員から「使いづらい」「今のほうが便利だ」といった否定的な声が上がると、プロジェクトの目的が揺らいでしまうことがあります。このような場合は、現場からの指摘が本質的な問題であるかどうかを見極めなければなりません。もし指摘が従業員個人の主観や現状維持に固執する反対意見であるならば、これらに引きずられてはいけません。プロジェクトマネージャーは、目的を常に意識し、正しい意思決定を行うことが重要です。

それでも、プロジェクトにはさまざまなステークホルダーの影響力が働き、自分の思いどおりにいかないことも少なくありません。しかし、プロジェクトを進めるなかで、自分が全力を出し切れたかどうか、最もよく分かっているのは自分自身です。仮に100%の力を出し切れず、他者のサポートでプロジェクトが成功した場合、それは自分にとって再現性のある成功であるとはいえません。そのときの達成感も薄れてしまいます。そんなときは、結果にコミットすることができなかった自分自身の実力不足を真摯に受け止め、次なる目標に向けて自己研鑽《けんさん》を続けることが、プロジェクトマネージャーとしての成長につながるのです。

「できること」より「できないこと」を決める

プロジェクトは、インプットとアウトプットから成り立っています。インプットとなるリソース（時間、要員、予算）をどのくらいかけて、どのようなアウトプット（○○億円のコスト削減を創出するシステム開発など）を実現するのか……プロジェクトマネージャーはこの両方を、プロジェクトオーナーと共有し承認を得ながら進めていきます。

多くのプロジェクトオーナーは、どのくらいがリソースとして妥当なのか、相場観を持っているわけではありません。そこで、他社事例などを交えながら説明して、合意形成を図っていきます。その際、プロジェクトオーナーによっては「このシステムができれば、こんなこともあんなことも可能になる」という過度な期待を膨らませる人がいます。しかし、高い成果を望むほど必要なリソースも膨らんでいきます。限られたリソースからプロジェクトオーナーが期待するすべての要望を叶《かな》えることは不可能です。

過度な期待を持たせてしまわないようにするために、プロジェクトマネージャーが「達成できることはここまでです」ということをプロジェクトが始まる前にきっちりと伝えて期待値を適正化することが重要です。例えば、会計システムを開発している場合は、「請求処理や支払処理はできますが、連結決算処理の機能は対象外となります。今回はそこまでできるリソースはありません」というように、「できること」と「できないこと」を明確にしておくのです。

「できること」と「できないこと」の選択は、プロジェクトオーナーとの合意形成だけでなく、プロジェクトを進めていくなかで誰にでも日常的に発生します。クライアントや上司に対して、できないことを主張するのは心理的に簡単ではありませんが、できることの範囲を明確に定義しておくことがお互いの認識や期待にギャップを生じさせないための近道となるのです。

適度な余裕(あそび)を持っておく

システムにおけるエラーが起きる確率をバグ発生確率または障害発生確率といいます。膨大なコストをかければ、すべてのバグを防ぐことが可能かもしれませんが、通常のシステム開発プロジェクトにおいては、このバグ発生確率を0%にするのはほぼ不可能です。そのため一定数のバグが摘出されることを想定した計画を立てます。

さらにプロジェクトには思いがけないトラブルがつきものです。したがって、受託者であるベンダーは依頼者であるクライアントに対して、当初から予想外のバグやトラブルが発生することを見込んで、その対応に充てるための余裕、すなわちバッファ(予備)工数を最初から工程表や見積書に含んで提出します。その場合の想定バッファをどの程度見積もっておくかはプロジェクトによって異なりますが、一般的にはプロジェクト全体の10%程度ともいわれています。

特にプロジェクトが複雑化・高度化している昨今、バッファを見積もっておくことは、プロジェクトマネジメントにおいては当然のリスクヘッジです。もちろんリスクを過度に恐れるがあまり、過剰なバッファを確保することは望ましくありませんが、バッファという余裕（あそび）がまったくない状態は何かトラブルが生じたときに即プロジェクトの中止・失敗につながるリスクが高く、むしろ適切なリスク対策が講じられていないと見るべきです。

課題を多角的にとらえる

課題を多角的にとらえるというのは、プロジェクトをあらゆる方向から見て課題を抽出し、その課題を体系的に整理する（とらえる）ことです。このとき私がよく活用しているのが、経営のバランススコアカード（Balanced Score Card：BSC）というフレームワークです。一般的には、企業・組織が業績向上のために戦略的目標を掲げ、それを達成するためのアクションプランを設定し、評価するための管理ツールとして使われています。

主な視点は次の4つです。

財務の視点：企業の財務状況を評価し、売上、利益、キャッシュフロー、コスト削減などの財務目標を設定します。

顧客の視点：戦略を実現するために顧客に対してどのような行動を取るべきかを考えます。顧客満足度、市場シェア、顧客の維持率など、顧客に関する目標と、その裏側にある営業戦略、事業戦略を評価します。

内部プロセスの視点：財務目標の達成と顧客満足度向上のために、どのような製造プロセスや業務プロセスを構築するのかを評価します。評価指標となるのは、品質管理、生産性、コスト効率などです。

学習と成長の視点：財務目標（売上、利益）を達成するために、組織や人材をどのように育成・成長させていくべきか、指標を掲げて評価します。従業員の能力開発、組織文化、ナレッジマネジメントなど、長期的な成長と改善に関連する項目です。

この4つの視点のなかで最も上位のレイヤー（視点）は「財務の視点」であり、どれだけ売上・利益を出すのか目標（ゴール）を掲げ、次の「顧客の視点」では事業戦略や営業戦略としての目標を掲げます。例えば、今期売上10億円・利益3億円という目標達成のために、○○市場でシェア率を20％から35％に拡大することを目指すというのが「財務の視点」と「顧客の視点」です。

さらに3つ目の「内部プロセスの視点」では、事業戦略である「20%から35%へのシェア率拡大」を実現するために社内の業務プロセスをどう設計し、どういうルールで運用するのかを考えます。そして「内部プロセスの視点」を基に、4つ目の「学習と成長の視点」による評価を行います。財務目標を達成するために顧客の視点や内部プロセスの視点で策定した企業活動を行うのはすべて「人」だからです。それゆえ、人材の成長やスキルアップが必要不可欠になってきます。このように企業の経営戦略に関わる目標を達成するためには、この4つの視点がすべてつながってきます。

この経営のバランススコアカードは、経営戦略策定だけでなく業務改革プロジェクトにおける課題整理のためのコンサルティングにも有効なフレームワークです。この領域のプロジェクトに携わるのであればすぐに活用できるスキルです。

どのようなプロジェクトにおいても、基本的にはこの4つの視点で課題を整理できます。さまざまな課題が混在している状態のプロジェクトでは、どこから手をつけてよいか分からないことが少なくありません。そのスパゲッティ状態の課題を解きほぐすのに有効なフレームワークとなります。

私は過去にあるクライアントから、各部門の現状業務の問題点についてヒアリングした結果をどのようにまとめるかを相談され、課題を体系化して整理することにしました。

次ページの図がその分析資料です。ヒアリングリストには約700件の課題があり、一つひとつをすべてチェックしていたら時間がいくらあっても足りません。そこで、クライアント側の意見も参考にしながら、バランススコアカード(「顧客の視点」「業務〈内部プロセス〉の視点」「学習と成長の視点」)で課題を整理しました。

- ・顧客の視点(↓事業戦略、営業戦略)
- ・内部プロセスの視点(↓社内組織、業務プロセス整備)
- ・学習と成長の視点(↓人事戦略、社員育成)

このように経営戦略策定だけでなくプロジェクトマネジメントを進めるうえでも、非常に役立つフレームワークです。

課題を体系的に整理するフレームワークは、バランススコアカードが唯一ではなく、さまざまなフレームワークが存在します。例えば、SWOT分析、3C分析、バリューチェーン分析などです。複数のフレームワークを習得しておき、プロジェクトに応じて使い分けることができるようになれば、プロジェクトマネージャーとして課題整理のスキルの幅が

課題体系化の一例

経営・事業課題		・事業A、事業B、事業Cなど、多岐にわたって事業戦略上の問題が指摘されている。 ・既存事業の限界、新規事業の必要性を誰もが認めながら、既存事業を捨てて新規事業へシフトすることへの懐疑感や抵抗が蔓延している。 ・グローバル戦略に対するビジョン・アクションが迷走。 ・社（経営）として、強力なリーダーシップが求められている。
業務プロセス課題	組織・KPI適性化	・部門間の役割・機能の曖昧性やアンバランスへの指摘が多い。 ・組織の目標達成に対し、現状人材リソースのアンマッチの指摘が多い。
業務プロセス課題	システムデータ有効活用	・現行業務システムに対する機能不足の指摘がある。 ・システム、ネットワーク環境に対する改善要望が挙がっている。 ・社内に蓄積されているはずのデータが有効に活用されていない、もしくは業務に有益な情報がデータとして一元共有されていない。
業務プロセス課題	BPR	・現行業務フローに対する、重複、冗長性、煩雑、負荷の偏り、手作業の存在、ペーパーレス弊害、属人化など、その効率性の改善を求める指摘が多数挙がっている。 ・ビジネス環境の変化によって、従来からの業務フローが非効率となっている実態の顕在化が見受けられる。
業務プロセス課題	ガバナンス強化	・部門間、部内におけるコミュニケーション上の改善指摘が挙がっている。 ・コミュニケーション障害の原因の1つに、ガイドラインの欠如、ルールの曖昧性が指摘されている。
人事課題（人材配置・社員育成）		・各組織の業務を達成するうえで、人材配置（人数、スキルセット）が適切ではないと感じている組織が多い。 ・ビジネス環境の変化に対し、社の教育投資が不十分であり、適切な人材招聘ができていないという懸念が強い。 ・現場では、若手社員への育成・スキルトランスファーを行う余裕がない点を問題視している。

広がります。どのフレームワークにも共通する目的は、企業が直面している課題を多角的・体系的にとらえ、今の経営状況を俯瞰《ふかん》することです。プロジェクトにおいても近視眼的・局所的な見方に陥らず、全体像を把握したうえで手をつけるべき課題を明確にできる強力なツールです。

リソースは有限である

プロジェクトにおいて常に求められるのは投資対効果です。限られたリソース（インプット）でより大きな利益（アウトプット）を生み出し実行する価値があると判断されてようやく、プロジェクトはスタートできます。作業時間やコスト、要員といったリソースの管理はプロジェクトマネジメントの要です。これができないと、気づかぬうちに「予算超過」「納期の大幅な遅延」「人員・スキル不足による品質低下」といった問題が発生します。

こうした問題が生じるのはプロジェクト開始時点における単なる見積もりの不正確さよりも、プロジェクトマネージャーの進行管理に対する能力不足のほうが大きな原因であることが多いと考えられます。開始時点で、過去に実績のある類似のプロジェクト事例を参考にすれば、ある程度予算や作業期間、要員数を大きく見誤ることは少なくなります。しかし、プロジェクト稼働中におけるマネジメントが徹底されていないと、すぐに問題が生じてしまいます。問題に気づかない、あるいは放置することは、限られたリソースを浪費していると認識することが肝要です。そうすれば、定例会や個別のヒアリングで進捗を把握し、予算と作業期間を適切に管理することの重要性が自ずと理解できると思います。リソースの有限性を意識した行動と意思決定こそがプロジェクトマネージャーの役割です。

エラーはシステムよりも人間に潜んでいる

ＡＩなどのテクノロジーが進化している今、人間と機械を比較すると、機械のほうがエラーを起こさない正確性が格段に上がってきています。車の自動運転が良い例です。当初、自動運転が出始めた頃は「機械に運転させるなんて、事故が起きたらどうするんだ」と言われていました。今もそういう声があるのは事実で、機械が１００％完璧に作動するという保証はできません。しかし、人間もミスなく運転できるかというと、そうとはいえず、ヒューマンエラーは絶えず起こります。どんな仕事においても勘違いや集中力の低下、モチベーションダウン、寝不足、感情の起伏などにより、ミスを犯してしまうのです。

車の運転では、ケアレスミス（不注意によるミス）が最初に挙げられますが、日常の意思決定や判断においては、感情や考えの偏りなどによる認知のゆがみに、ミスを誘発するさまざまな原因が潜んでいます。心理学において提唱されている「認知バイアス」や「感情バイアス」と呼ばれるものです。個人差はありますが、次のようなバイアスがそれぞれの心の中にも存在している可能性があります。

●0‐100思考

中間がなく、物事を0か100（もしくは白か黒）かで判断してしまうこと。考え方が単調になり、「好き、嫌い」「良い、悪い」という考え方をしやすく、曖昧さを嫌う傾向がある。一種の完璧主義の考えがベースにあり、常に100％を追い求めてしまうため、少しでもミスをすると、逆に取り組む意欲をなくしてしまう。

●過度な一般化

たまたま起こったことや特殊な出来事など稀《まれ》な事象をすべてのことに通じるルールや法則のように思い込んでしまうこと。「私はこの作業をやると、絶対に失敗する」などネガティブな考えに陥りやすい傾向がある。このバイアスがかかりやすい人は、「絶対」「必ず」などの言葉をよく使う。

●ネガティブ思考

良い出来事が起こっていても、一つのネガティブなことが気になり、すべてを悲観的にとらえてしまう偏った考え方のこと。こうしたタイプは自己肯定感が持てず、多くの物事をなかなか決断できない優柔不断なところがある。

●結論の飛躍

ちょっとした言動から、他人の頭の中を読み取ったつもりになり、一方的に考えを決めつけたり、押し付けたりすること。多くの場合、自分が経験してきたことを基に、先読みして考えてしまう。世の中には、十人十色いろんな考えがあることに至っていない場合が多い。

●レッテル貼り

自分はもちろん他人の行動や性格の一部分だけを切り取って、人の価値を決めつけてしまう考え方。何か失敗したときに、その失敗した課題を追究して、改善するのではなく、「こんなこともできない自分はダメだ」と思ってしまう。

●自己関連づけ

自分で管理・コントロールできないことも自分の責任だと思い込んでしまう考え方。例えば、「同僚のミスで、赤字を出してしまった」となったときに、「もっと自分が気にかけ

認知バイアスの罠

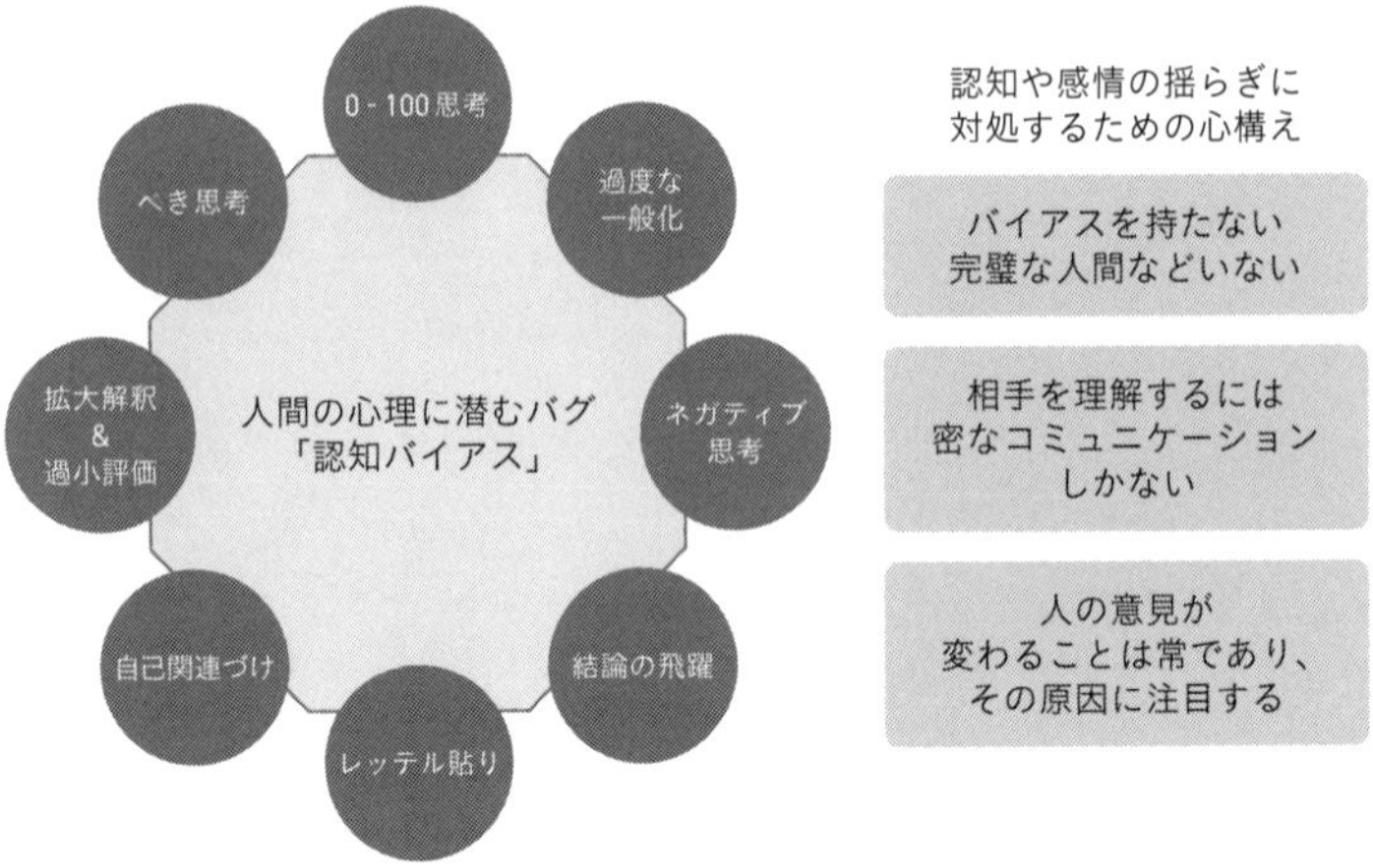

て、サポートすればよかった」と極度に自分のことを責めてしまう。

●拡大解釈&過小評価

事実や出来事をありのままにとらえずに、評価や重要性を誤って認識すること。具体的に、自分にとって良くないことが起きると大げさにとらえてしまい、良いことは小さく見積もって考えてしまう。他者に対して強い劣等感を抱いてしまう恐れがあり、この考えをしてしまうタイプは自己肯定感が低い人が多い。

●べき思考

常に「～すべきである」「～してはならない」と考えてしまう思考のクセ。例えば「リーダーならみんなに好かれなければならない」と考え、みんなの悩みを聞きすぎて、業務量がオーバーになるということが起こる。「後輩なら自分から率先して挨拶しないといけない」と他人に自分の考えを押し付ける場合もある。

こうした思考のクセや認知・感情によるひずみ、すなわち人間の心理に潜むバグの傾向を認識しておけば、対人コミュニケーションで生じるさまざまな問題にも冷静に対処できるようになります。

このほかにも、自分自身や他人から見ても気づかない「バグ」もあります。例えば、同じインプットをしても、アウトプットが常に異なる場合です。正しいシステムというのは、同じインプットを行えば、必ず毎回同じアウトプットがあります。しかし、人間の場合はそうならないケースが数多く見受けられます。それはインプットからアウトプットに至るプロセスにおいて、さまざまな経験や情報などから、思い込みや先入観などの影響を受け、バイアスがかかってしまうからです。

同じ指示や依頼であっても、誰の依頼かによって、その人の行動が変わってしまうというのも、その一例です。再現性がなく、機械やシステムから見れば「バグ」といえます。プロジェクトマネージャーとしてプロジェクトを動かすうえで、こうした人のバグへ対処していくために有益な3つの方法を挙げます。

1つ目は完璧な人間などいないことを認識することです。感情を持つ限りは、自分も含めてみんな何かしらのバグを持っています。人間ならバグがあると思って向き合っていれば、バグが起きた際の心のゆとりや、対策が取りやすくなるはずです。

2つ目は人と積極的にコミュニケーションを図っていくことです。そのなかで、その人が持つ思考のクセや感情のひずみなどを見極めていくことができます。やはり密に関わっていなければ、その人の思考や感情の傾向というのはつかめないものです。会話をしてこそ分かってくるので、プロジェクトマネージャーであればメンバーはもちろん、クライアントなどのステークホルダーとも接する時間を多くつくるようにすべきです。

3つ目は人の意見が変わることは常であると認識することです。特に、変化のスピードが激しい現代においては、考えや価値観などが変わらないほうが珍しいと考えるべきです。その人の考えや気持ちが変わるというのは、個人的な性格や主観からくる場合以外に、ビジネスや生活などの環境や周囲の関わる人たちなど外部の影響により、その人にとっては不可抗力的に変わってしまうこともよくあります。変わる前に決めた計画にいつまでもこだわるよりも、臨機応変に即座に方向転換を図るぐらいのほうが、あとあと変更されたり、あるいは手遅れとなってプロジェクトが失敗するよりもマシだ、と割り切って考えられるぐらいのスタンスでいるのが適切です。

ただし、意見や考えが変わる原因が何なのか、そして客観的に見て妥当かどうかは、きちんと検討し、見極める必要があります。一時的な感情による迷いや、誰かに言われた一言が大きく影響しているようなことがあると、プロジェクトの本来の目的から外れてしまう可能性があります。プロジェクトマネージャーとしては、変更の要因に妥当性があるのかどうかは注意深く評価し、目的と大きく違ってくる場合などは、変更を要求する相手や決裁権を持つプロジェクトオーナー、クライアントと折衝を行う必要があります。

完璧を求めすぎない

このように自分自身も含めて人間は完璧ということはなく、優秀な経営者でもミスを犯します。非の打ちどころがないという人はいません。

エンジニアのなかには時々、非常に完璧主義な人がいます。それは決して悪いことではありませんが、そのような人たちのなかに他者に対しても自分と同じ考え方を求める傾向がある人がいます。

1つのことをとことん突き詰めてしまうように、バグも全部なくなるまで徹底的に改善を続けることになると、どんどんリソースを投入しなければならず、時間や労力、コストが大幅にかかってしまいます。

プロジェクトとして「完璧を求めません」とは宣言できませんが、プロジェクトマネージャーとしては「完璧を求めすぎない」という意識を持つことが大切です。この意識を持っているのと持っていないのとでは、メンバーのモチベーション維持にも大きな影響を与えます。ミスが許されないプロジェクトでは、絶えず緊張感がつきまとい、プレッシャーというストレスで、メンタル不全に陥る人も出てきます。

プロジェクトマネージャーが「難しいプロジェクトなので、新たな問題が生じてくる恐れがあります。それはこちらも理解しているから、みんな失敗を恐れずどんどん進めてください」という言葉をメンバーに対して発信すれば、心理的にも安心できる環境が担保され、メンバーものびのびと業務に取り組めるようになります。

プロジェクトマネージャーは黒子で「まとめ」役

プロジェクトマネージャーというのはリーダー的な存在にとらえられがちです。そのため、プロジェクトマネジメントはリーダーシップ論に近い、と連想する人は多いと思います。確かにリーダー的な素養を求められることは事実としてありますが、プロジェクトマネージャーは、一般的なリーダー像とは異なり、主に人材や時間、コストといったリソースの管理や、ステークホルダー間の利害調整などを担う役割を果たします。私は「ファシリテーター」や「コーディネーター」という職種に近いように思っています。

まったく職業知識のない人や若い人にプロジェクトマネージャーの仕事を説明するとき、結婚式場のコーディネーターにたとえることがあります。結婚式を行う際、コーディネーターは次のようなことを行います。

・新郎新婦（クライアント）の要望を聞く
・予算や結婚式までの期間、準備にかけられる時間（工数）などのリソースを把握する
・与えられたリソースや期間の範囲内で実現可能な、当日の披露宴プランを計画する
・披露宴に必要な備品や要員を調達し、準備のためのスケジュールを作成し進捗管理する
・当日、タイムスケジュールに沿って円滑な進行をリードする
・進行を妨げる問題が発生したら（想定外に長い主賓スピーチなど）、ただちに調整を図る（次の演目や歓談の時間を短縮するなど）

プロジェクトマネージャーも同様に、結婚式というプロジェクトを成功させるために、

計画を立て、必要なリソースを集め、時間とコストを管理し、チームメンバーを調整します。そして、問題が発生したらすぐに解決策を探ります。

結婚コーディネーターが新郎新婦に最高にハッピーな思い出を提供できるよう全力を尽くすように、プロジェクトマネージャーは質の高いプロジェクト成果を達成し、プロジェクトオーナーやクライアントの期待に応えることを目指します。

つまり、プロジェクトマネージャーは単にチームを率いるだけでなく、プロジェクト全体をうまく調整し、成功に導く重要な役割を担っているのです。

この例で、プロジェクトマネージャーの仕事の本質と重要性がよく理解できると思います。そして、プロジェクトマネージャーはリーダーと違ってカリスマ性を持つ必要はありません。年齢も関係ないので、興味・関心さえあれば、誰でもプロジェクトマネージャーになれる素質があります。プロジェクトマネジメントは、ひと握りの優秀な人材に与えられた特権ではなく、誰にでも手が届く職業なのです。

この章では、激動の時代においても変わらない、変えてはいけないプロジェクトマネージャーとしての心構え、いわば「信条」を述べてきました。人間が判断・行動していくうえでよりどころとなる信条が大切であるように、プロジェクトマネージャーにとっても信条はマネジメントの原理・原則の中核となります。一方、この信条だけでは実際のプロジェクト現場でマネジメントを実践できないことも事実です。私は、プロジェクトマネージャーが身につけるべき3つの能力を「統率力」「先見力」「対応力」だととらえています。「統率力」は対人コミュニケーション能力、「先見力」はプランニング能力、「対応力」は柔軟でアグレッシブな行動力、と言い換えることもできます。次章からは、私自身の実践経験を通じて学んだ哲学や行動規範を紹介しながら、これらの3つの能力を身につける方法を説明していきます。

本書で紹介している哲学・思想のコンセプト

第2章

- 中庸の徳（孔子）不足でもなく過ぎることもない、適切で調和の取れた行動こそが最高の人徳
- 足るを知る（老子）十分であることを知る人は真の豊かさを得る
- 認知的不協和（レオン・フェスティンガー）人は自分の行動を正当化するために意識を変化させる
- 反脆弱性（ナシーム・ニコラス・タレブ）ストレスや混乱に耐えるのではなく、それを力に変える
- アンダーマイニング効果（エドワード・デシ）外的報酬は内発的動機を弱めて意欲を低下させる
- リバイアサン（トマス・ホッブズ）独裁による秩序か、自由ある無秩序か
- 格差（セルジュ・モスコヴィッシ）差別や格差は同質性が高い組織で生まれやすい
- 神の見えざる手（アダム・スミス）最適解よりも満足できる解を求めよ

第3章

説得よりも納得、さらに納得よりも共感を目指す
共通の目標へ組織をまとめあげる「統率力」

プロジェクトマネジメントの要は対人コミュニケーション

どんなプロジェクトにおいてもさまざまな組織、ステークホルダーやメンバーが参画するため、そこには必ず人間同士のコミュニケーションが発生します。統率力を発揮して組織をまとめあげていくことがプロジェクトマネージャーには求められますが、立場・価値観・考え方の違いが交差するプロジェクト現場において、ＰＭＢＯＫなどで示されている一般的なコミュニケーションのノウハウや手法にだけ頼っていては十分な成果を得ることは困難です。目的を明確化し共有することとの重要性、必ず生じるコンフリクト（衝突）への対処方法、説得や納得ではない共感の獲得など、この章では私が対人コミュニケーションにおいてこれまで学んだすべての哲学を解説していきます。

本来の目的を見失わない

プロジェクトを成功に導くためには、明確な目的を持つことが必要です。しかし、多くのプロジェクトマネージャーは、本来達成すべき本質的な「目的」（例：顧客満足度の向上、業務効率の改善）よりも、納期や予算、目の前の作業といった表面的な「ゴール」のみに注力してしまう傾向があります。一つひとつの作業はプロジェクトの最終目的を達成するための手段でしかないのですが、いつのまにか手段が目的化してしまうのです。

例えば、社内に新たな会計システム導入を検討しているプロジェクトがあるとします。その際、達成したい目的としては「業務標準化によるコストダウン」などが一般的に挙げられます。しかし、プロジェクトが走り出すと、さまざまなトラブルやバグ、ミスが発生して、その収拾に追われている間に、いつしか本来の目的を忘れてしまい、プロジェクトを終わらせること（＝ゴール）が優先されてしまいます。つまり、プロジェクトのＱＣＤを達成することにしか目が行かなくなってしまうのです。ＱＣＤとは、Quality（品質）、Cost（予算）、Delivery（納期）の頭文字から取った言葉で、一般的には製造業の品質管理などで活用されている管理指標です。システム開発などのプロジェクトを円滑に遂行していくうえでも重要視される指標であり、品質、予算、納期どれか一つだけが優れていてもダメで、この３つの指標をバランスよくマネジメントすることが、プロジェクトを成功へと導く前提条件といわれています。

このＱＣＤという指標は、プロジェクトが円滑に進行しているのかを評価するモノサシであり、プロジェクトが本来のゴールに近づいているかどうかを直接示しているわけではないのですが、ＱＣＤの遵守こそが目的だと勘違いするプロジェクトマネージャーも少なくありません。しかし実際には、ＱＣＤが達成できたとしても、クライアントに対して目的を達成できる価値を提供したとは限りません。したがって、まずプロジェクトマネージャーはプロジェクトを進めるにあたって、本来の目的を常に意識して取り組まなければなりません。目的を見失ったままプロジェクトを進めてしまうと、求められていないシステムを開発するなど、的外れな成果物をつくってしまうことになりかねないからです。また、トラブルやプロセス変更などが発生した場合に、自分たちがやるべき施策が何なのか、適切な優先順位もつけられなくなります。

目的を明確にしていれば、場合によってはプロジェクト自体が必要ないという判断を途中で下せることもあります。インプットとアウトプットとの投資対効果を考えた場合、システム導入というアプローチ以上にインプットを最小限にして、アウトプットをさらに引き出せる別の方法があれば、ほかの選択肢も考えられます。例えば、会計システムを導入する代わりに「業務フローを簡略化する」というのも一つのやり方です。

こうした理由や背景を考えれば、プロジェクトマネージャーだけでなく、メンバーを含めたステークホルダー全員が、本来の目的を見失わずにプロジェクトを進められるかがとても大切になってきます。

意識の中心に「目的」を持つことがプロジェクトを進めるうえで重要であることが理解できる一つの寓話《ぐうわ》があります。3人のレンガ職人が登場する話で、誰もが一度は聞いたことがあると思います。

ある日、一人の旅人が古い町を訪れると、そこに3人のレンガ職人がいました。彼らに「何をしているのか」と尋ねると、その3人は同じ仕事をしているにもかかわらず、まったく異なる答えが返ってきました。

1人目の職人は「レンガを積んでいる」と答えました。

2人目の職人は「壁を作っている」と答えました。

3人目の職人は「歴史に残る大聖堂を作っているんだ」と答えました。

同じ仕事をしていても、その仕事の意味や目的を理解しているかどうかで、仕事に対する態度や情熱、モチベーションが大きく異なります。プロジェクトが大規模になればなるほど、さまざまなチームが作業を分割していくことになります。プロジェクトのメンバーの場合、どこかのチームに所属して、特定のタスクだけをこなしていると、本来の目的が見えなくなることはよくあることです。しかし、どんなささいな作業やタスクであっても、目的は存在します。ささいな作業を行うからこそ、目的意識を持たなければルーチンワークを惰性で行うだけになってしまいます。プロジェクトマネージャーは、このプロジェクトに関わっている人全員が正しい判断ができ、モチベーション高く仕事に向き合えるように目的を設定して、それを共有しながらプロジェクトを進めていかなければなりません。

プロジェクトの目的を理解していれば、もしトラブルなどが起こり予定どおりに物事が進まなくなったとしても、新たな解決策を打ち出せるようになります。1人目のレンガ職人だと、レンガを積む作業を行っているだけなので、レンガが不足して積めなくなれば作業がなくなり、なんの解決策も考えられずに途方に暮れるだけになってしまいます。2人目のレンガ職人は「壁を作る」という目的があるので、もしレンガが積めなくなったとしても、ほかの材料を基に壁を作ることができます。3人目のレンガ職人は、レンガがなくなっても材料を替えて壁を作ってもいいですし、壁に代わる何かをデザインして、従来とはまったく異なる大聖堂を作ることにもチャレンジできるようになります。このように、プロジェクトマネージャーをはじめプロジェクトメンバーが、常にプロジェクトの最終目的までを理解できていれば、高いモチベーションを保てるだけでなく、プロジェクトの計画変更や課題に対しても柔軟に対応できるのです。

また、プロジェクトが間違った方向に進まないためにも、目的を常に意識することが大切です。そのために、プロジェクトマネージャーを補佐する役割を担うプロジェクトマネジメントオフィサー（ＰＭＯ）が参画し、目的に沿ったシステム導入になっているかどうかをプロジェクトマネージャーとは違う第三者としての立場から評価することもあります。

例えば、導入を検討しているシステムが当初の目的に合致しないとＰＭＯが判断した場合は、「まずは業務整理からやりましょう」と声をかけ、システム導入の要否を確認します。クライアントから依頼を受けるベンダー（受託者）の立場だと、システム導入ありきで参加しているため、こうした判断を躊躇《ちゅうちょ》してしまう場合もあります。私がシステム導入プロジェクトでＰＭＯを担当する場合、ベンダー側のチームには属さず、ニュートラルなポジションで役割を担うことが多いです。独立した立場で判断できるので、プロジェクトマネージャーやプロジェクトオーナーの意思決定を客観的にサポートできます。こうしたポジションの人材をプロジェクトに配置することも間違った選択を行わないための重要なポイントになります。

ＷＨＹを共有し、ブレさせない

目的にフォーカスしたプロジェクトマネジメントを行う際に、有効なフレームワークがあります。それはサイモン・シネックというマーケティングコンサルタントが考案したゴールデンサークル理論です。「ＷＨＹ（なぜ）」↓「ＨＯＷ（どうやって）」↓「ＷＨＡＴ（何を）」の順番で物事を伝えることで、人（相手）から共感を得られるプロジェクトをマネジメントすることができます。このなかで特に意識すべきはＷＨＹをまず明確にすることです。

ＷＨＹは、言い換えれば本来のプロジェクト目的です。なぜプロジェクトを行うのか。それがＷＨＹにあたります。その次に、これをどうやって実現するのかがＨＯＷです。ＷＨＹを達成するための方法（アプローチ）やプロセスを指します。組織や個人がＷＨＹを実現するために、どのような手段を用いるのかを決めます。そして、最後にくるのがＷＨＡＴです。ＷＨＡＴは、ＨＯＷである方法を実行するために必要となる、最適な製品やサービスそのものを指します。

この３つの関係性を図に表すと次ページのようになります。

シネックは、「ほとんどの企業や個人はＷＨＡＴから始め、ＨＯＷに進めて最後にＷＨＹにたどり着きますが、成功しているリーダーや社長は自分たちのＷＨＹを明確にすることから始めて、この図のように外側に向かって進めていく」と言います。

プロジェクトにおいても３人のレンガ職人の話と同じで、内側のＷＨＹから始めれば基本的に目的は変わりませんが、ＨＯＷ（手段・理論）やＷＨＡＴ（商品・行動）は変わる

共感から行動を促すゴールデンサークル理論

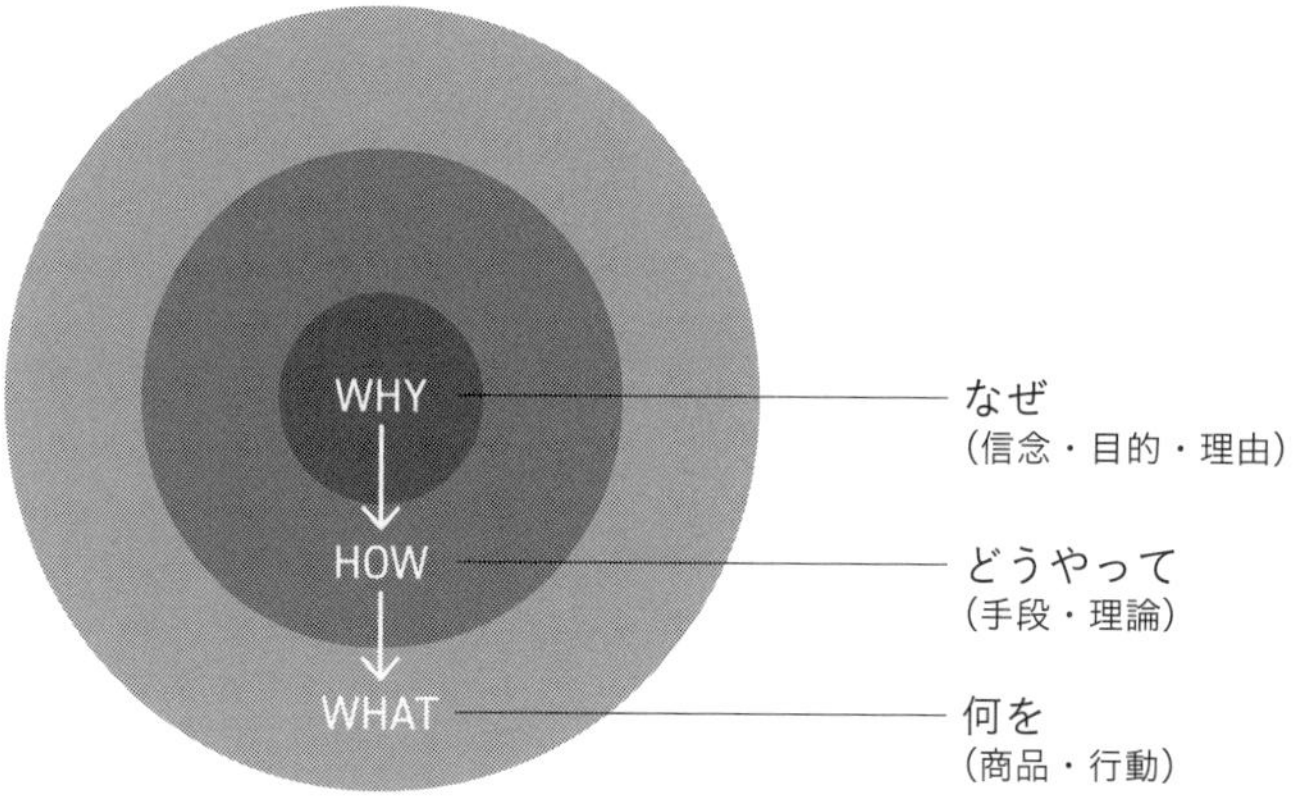

可能性があり、変わった場合に、ＷＨＹ（信念・目的・理由）を理解していれば、対策も講じやすくなります。また、現場作業に携わる担当者に対してもＨＯＷやＷＨＡＴだけを伝えても納得や共感は得られませんが、ＷＨＹを伝えることで共感を生み、より効果的なプロジェクトマネジメントにつながります。

マーケティングの世界では、他社の売れ筋をまねた製品を開発しているような企業は、ＷＨＡＴやＨＯＷは定義できても、ＷＨＹがないことがほとんどです。それでは顧客に共感が得られないため、長期的に支持を得ることができず、期待したほど製品が売れないことになります。

「ＷＨＹ（なぜ）」→「ＨＯＷ（どうやって）」

↓「ＷＨＡＴ（何を）」の好事例としてあるのがAppleの製品づくりです。

Appleという企業は、まずＷＨＹ（目的・信念）の部分で、世界を変えるために常に世界の人々に新しいライフスタイルや新しい価値観を提供することにチャレンジしています。次にＨＯＷ（手段）では、そのチャレンジにユーザーが共感できるように、徹底的に美しいデザインのインターフェイスにこだわっています。こうしたＷＨＹやＨＯＷに基づいてつくられたMacBook、iMac、iPhone、iPad、Apple WatchなどがＷＨＡＴ（製品）として、世の中に提供されています。

人は「あのシステムが使いやすい」「業績がアップした」という見聞きした評判などに左右されるので、模倣した製品をつくりがちです。これは、プロジェクトを企画するときも同様です。ＷＨＹ（目的・信念）からプロジェクトを立案することができない企業が多いのです。本来のＷＨＹにＷＨＡＴ（製品など）がしっかり紐《ひも》づいていれば問題ないのですが、ＷＨＡＴから物事を考えてしまうと、ＷＨＹがないプロジェクトになってしまうのです。

プロジェクトマネージャーはＷＨＹから考えることと、プロジェクトを進行している間は、ＷＨＹから離れていないか、あるいは違う方向へ行っていないかを常に検証するクセをつけることが重要です。

システム導入プロジェクトにおいてよく起きるのが、「全社最適のための業務標準化」を目的とした場合に生じる、現場との軋轢《あつれき》です。「全社最適のための業務標準化」を目指したプロジェクトなのですから、一つの現場の業務利便性向上など部分最適にあたる取り組みの優先度は低くなります。例えば、これまで各支店それぞれの環境に合うやり方をしてきたシステムを、全社で統一する方針へ変更すれば、自ずと現場は従来のやり方を変更せざるを得ません。そうなると、これまでのシステムに慣れていた現場の従業員からは不平不満の意見が出てくることは珍しくありません。しかし、そうした意見に引っ張られてしまうと、全社の業務標準化という目的が達成できなくなります。ここでも現場従業員とのＷＨＹの共有が重要なのですが、たとえプロジェクト開始時点でＷＨＹの共有に努めても、プロジェクトの実施途中でＷＨＹが見失われることがあるため、プロジェクトマネージャーは常に注意を払う必要があります。

もう1つの例は、定性的な効果最大化を目指すプロジェクトでありながら、コスト重視に陥るケースです。効果を最大化しようとすれば、相応のコストがかかる場合があります。しかし、いかなるときもコスト重視となり、必要以上にコストカットを意識してしまうことで中途半端なシステムしか開発されず、結果としてプロジェクトの目的達成には至らなかったという事態になりかねません。品質とコストはトレードオフの関係があるため、両者のバランスをどのように折り合いをつけるのかという課題を解決する際も、プロジェクトの目的（ＷＨＹ）に立ち返ることは有効です。このプロジェクトで達成しなければならない目的のために、一定のコストをかけてもやるべき施策があるのであれば、それは正しい必要投資になってきます。

ＨＯＷやＷＨＡＴの違いに翻弄されず、ＷＨＹに集中する

このゴールデンサークル理論は、ダイバーシティ（多様性）社会である現代の対人コミュニケーションにおいても大いに役立つものです。

一般的に、欧米人は自分の意見を積極的に主張し、日本人は人前で自分の意見を控える傾向があるといわれています。会議や研修セミナーの最後に、出席者から司会者や講師へ質問や意見を投げかけるＱ＆Ａコーナーを設けることはよくありますが、欧米人は積極的に意見や質問を述べるのに対し、日本人はその場では発言を控える代わりに会議終了後に司会者や講師のところへ行って意見や質問を述べる場面をよく目にします。

しかし、私は海外駐在時代にこのような状況に繰り返し触れていくうちに、欧米人も日本人もその真意は同じであることに気づきました。欧米人にとって意見や質問を述べるこ

とは、司会者や講師に対して「あなたの話に興味を持っている」と意思表示することであり、相手への敬意の表れなのです。一方、日本人は人前で意見や質問を述べるのは司会者や講師を批判しているように誤解されかねないと考え、公での発言を避ける人もいるのです。欧米人と日本人の行動は真逆であっても、相手に対して同じ気遣いを持っているといえます。つまり、目に見える言動や行動（ＨＯＷやＷＨＡＴ）が異なるからといって、心の中にある思い（ＷＨＹ）も異なるとは言い切れないわけです。常日頃からこのことを意識しておけば、国民性や文化背景、立場が異なる人とのコミュニケーションにおいて起こりがちな誤解を回避し、寛容性を高めることに役立つのだと思います。

目的の見える化状態を保つ

プロジェクトメンバーが目的にフォーカスできるようにするためには、各メンバーの意識のなかに常に目的が存在するような状態をつくることが大切です。プロジェクトの期間中、目的をメンバー間で確実に共有するための手立てはいくつかあります。

・トップからのメッセージ発信

プロジェクトオーナーあるいはプロジェクトマネージャーが、繰り返しメッセージを発信することで、メンバーの頭の中に目的を刷り込むことができます。例えば、メンバーが目的に準じた言動をしたときや、反対に目的をおろそかにしてしまったばかりにトラブルを起こした場合など、メンバーが目的をより意識できるタイミングに合わせて、メッセージを発信すると大きな効果が期待できます。

・スローガンの提示

プロジェクトをスタートする前に、目的にちなんだスローガンをメンバー全員で掲げることも目的の可視化の一つの方法です。作成後は、オフィスなどみんなが見える場所にポスターを張り出したり、使用するコミュニケーションツールに掲載するなど、メンバー全員が日常的に目にすることができるようにします。

・達成までの進捗状況を公開する

目的の達成度合いをなんらかの指標で数値化して、誰もが達成までの進捗状況をタイムリーに把握できるように可視化します。具体的なデータやグラフなどで示していくことで、ひと目で状況が分かり、メンバーにも共有しやすくなります。

・成功事例の共有

プロジェクトを進めていくと、さまざまな成功体験が生まれてきます。それを一部の関係者だけが知っているのではなく、プロジェクトに関わるメンバー全員に共有することで、その小さな成功体験を、目的に向かってプロジェクト全体を推進していくための大きな糧に変えていくことができます。

ネガティブな情報も隠さない

ネガティブな情報発信は、プロジェクトマネージャーとしては避けてしまいがちですが、プロジェクトに多大な影響を与えてしまうようなミスやトラブルは、今後同じようなミスを起こさないために、原因や対策を共有して再発防止につないでいきます。その際、単に開示するだけでなく、原因や解決策も合わせて共有することが大切です。

さらに、このミスやトラブルを解決すれば、目的にどこまで近づけるのかを示していくことも、目的達成のためには重要なポイントになります。また、発生件数や解決件数といった定量情報も合わせてオープンにしていくことで、トラブル・ミス件数の減少がメンバーの励みになり、トラブルの解決プロセス自体を後ろ向きのアクションからプロジェクト目的達成のための前向きなアクションに意識を変えていくこともできます。

このように、プロジェクトの進捗や課題発生状況をオープンに可視化していくことは重要ですが、その際の注意点が2つあります。1つは、やみくもに多くの指標をつくらないことです。指標を増やして幅広くカバーしても、まとめるのに時間がかかりますし、報告書も分厚くなるだけです。そうなると、誰も目を通さなくなってしまい、なんのために可視化したのか分からなくなります。それに人が一度に理解できる分量も決まっているので、必要なエッセンスに絞って指標を決めるほうが効果的です。

もう1つは、分かりやすくしすぎないことです。視覚的に可視化するのは、ひと目で進捗状況やミスの減少などの変化を知らしめるためですが、あまりに簡略化・単純化しすぎると、重要な観点が分からなくなってしまいがちです。

よくあるのが、プロジェクトの進捗状況を信号機にたとえて表記するというものです。予定どおりに進んでいる場合は「青色」、予定よりも遅れ気味の要注意な場合は「黄色」、大幅に遅れている場合は「赤色」として表示するとします。こうすると状況は一目瞭然で分かりますが、遅れている要因や円滑に進んでいない背景、あるいは今はうまくいっていてもこの先遅れるリスクなど、大事なサインを見落としてしまう危険性が潜んでいます。グラフ化や記号化した進捗だけでは伝えられない部分は、コメント欄を設けて補足してもらうなど、現在の状況を正確に把握できるように意識した可視化が必要です。

相手のやる気を引き出す

人は、相手が自分に対して興味・関心があると実感できると、自分の存在意義が確認でき、「自分が必要とされている」「自分が評価されている」とポジティブに受け止めることができます。これを「自己承認欲求」といい、ほとんどの人が持っている欲求です。

自己承認欲求は、自分自身の成長意欲や幸福感の向上には不可欠な要素であり、自分の自信にもつながりやすく、欲求が満たされることで心に余裕も生まれます。それゆえ他人を尊重して、健全な人間関係をつくりやすくなります。

一方で、他人の評価を気にしすぎる傾向がある人は、その考えが過剰に強くなると評価を得るために行動するようになってしまいます。プロジェクトマネージャーは、自己承認欲求のメリット・デメリットをしっかりと認識したうえで、メンバーそれぞれの思考やキャラクターを理解・尊重して、一人ひとりとコミュニケーションを図ることが大事になってきます。

人材教育・育成という観点においては、相手の良い部分を評価して声に出して伝えることがもちろん大切です。しかし、それだけでは相手をワンランク上のステージへ押し上げることはできません。成長のためには、メンバーが抱えている課題についても指摘をして、適切なアドバイスを行うことが必要です。

そこで、私がプロジェクトメンバーなどに行っているコミュニケーション上の工夫が2つあります。1つは「ここを頑張ってほしい」という課題があるときに、相手がこちらの助言を受け入れやすくするために、あえてポジティブなメッセージから伝えていく方法です。具体的には、メンバーの良い点から話をして、次に改善点を伝え、もう一度ポジティブな点で締めくくるというやり方です。いちばん伝えたい「ここを頑張れ」という課題を、2つのポジティブなコメントで挟むため「サンドイッチの法則」と呼ばれています。

もう1つは、メンバーを評価する際に必ず「強み」と「課題」を3つずつ伝えることです。これは、会社員時代に部下との面談で活用していたフィードバック法です。強みと課題が1つずつならすぐに出てきますが、3つになると普段からメンバーとコミュニケーションを取って、日常の言動をよく観察する必要があります。強みについては、フィードバックを受ける側にとってもうれしいことなので、伝える側も「課題」よりも比較的出てきやすい項目だと思います。しかし、課題は簡単には出てきません。簡単に出てこないということは、メンバー本人にとっても気づいていない、あるいは意識していない課題であることが多いです。したがって、受ける側にとっては「強み」のフィードバック以上に、本人の今後の行動を変えるぐらいの大きな気づきにつながる可能性があります。

なお、「強み」とは違って「課題」は伝え方次第でメンバーのモチベーションが下がる危険があるのも事実です。しかし、この課題を本人に認識してもらえないと、さらなるステップアップに結びつきません。そこで伝え方においては、次のような工夫も必要です。

課題を指摘するときに状況だけを伝えるのではなくて、その課題となっている要因を明確にして伝えることです。例えば「資料が分かりにくい」という指摘の場合は、「論理的に整理されていない」「内容をちょっと詰め込みすぎる」など「なぜ」分かりにくいのか、改善すべきポイントを伝えます。

そして、課題を改善する際には、それを行うことで本人にとってどのようなメリットが得られるのかを示していくことも大切です。「この資料は分かりにくい」と指摘するだけでは、なかなか改善のアクションにまではつながりません。「論理的に整理して、大事なことから順番に説明しよう」「情報が多くなりすぎると、見る側は何を伝えたいかが分からなくなってしまうので、3つに絞ろう」といったように改善点や次にやるべきアクションを明確にすると、指摘を受けた人も取り組みやすくなります。

こうしたアドバイスは、単なる評価だけに限りません。プロジェクトを進めるうえで、日常的に行っているさまざまなメンバーとのやりとりや、ほかのステークホルダーやベンダーとの交渉などでも活かせるコミュニケーション法です。

必ず起こるコンフリクトをマネジメントする

コンフリクトとは「対立、衝突」を意味する言葉です。組織やグループなどで、何かを決めたり、新しいことに取り組んでいく過程においては、必ず起こり得るものです。もちろん、プロジェクトにおいても同様です。

対立や衝突を自ら望んでいる人はいません。しかし、コンフリクトは必ずしも悪い影響を与えるものではありません。プロジェクトマネージャーはこのコンフリクトから逃げずに向き合って、適切なマネジメントを行うことで、目的達成に近づけるだけでなく、チームならびにプロジェクトマネージャー自身の成長にもつながります。

コンフリクトには、大きく分けると3つの要因があります。

・認知のコンフリクト

物事をどのようにとらえるか、関わる人々の価値観、思考、見方などの違いによって生まれます。同じ仕事をしていても、仕事の効率性を重視するのか、または顧客の要望を優先するのかで、人の言動は違ってきます。それぞれ大切にしている価値観や考え方を整理して、まず理解するところから始める必要があります。

・条件のコンフリクト

異なる立場や条件、役割などにより意見や利害が対立することがあります。同じ会社に在籍していても、営業職と技術職では、求められる役割や優先度が異なるため、その条件の違いによって対立や衝突が発生してしまいます。理屈だけではなく、相手の立場などを慮《おもんぱか》ることが大事になってきます。

・感情のコンフリクト

好き嫌い、過去の出来事や経験により対立してしまい、わだかまりがある場合です。「感情」のコンフリクトは、認知のコンフリクトと条件のコンフリクトがそれぞれ解消されずに顕在化し、根深く残っていることで発生することが多いです。

コンフリクトのほとんどは、この3つのいずれかに該当するので、今起きているのは、どういう種類のコンフリクトなのかをまず整理することです。しかし、コンフリクトの要因が分かっただけでは、解決には至りません。そこで、次に挙げる4つの秘訣を意識して実践すればコンフリクトに対するマネジメント能力を高めることができます。

コンフリクトマネジメントの秘訣1――相手の優先順位を見抜く

コンフリクトに対処するための第一歩は、自分が向き合っている各ステークホルダーが何にこだわっているのか、なぜこだわっているのか、徹底的に見抜く努力をすることです。

私が前職の事業会社で中国に駐在していたときに、北京《ペキン》、上海《シャンハイ》、広州でのオフィス移転を統括するプロジェクトマネージャーを担当したことがあります。このプロジェクトでは、1つのエリアに対して最大約20社のグループ企業を同じオフィスビルに移転させなければなりませんでした。オフィスビルの選定から内装を行う工事会社の手配、どの企業が何階のどのエリアに入居するかに至るまで、オフィス移転に関わるすべてのタスクを洗い出して役割を振り分け、期限内に完了できるように管理・遂行していきました。

中国人は先祖代々、仕事運や金運が高まるようにするために、多くの時間を過ごす住まいやオフィスにはこだわりを持っています。そこで最も大事にしているのが風水です。「気」の通り道となるエントランスをどこにするのか、窓をどの向きにし、応接室はどこに設置するのか……細かなこだわりは企業によって異なります。実は中国で成功を収めている企業の経営者には必ずお抱えの風水師がいて、オフィスに呼んで移転先はどの場所がいいか、どんな内装がよいか指示を仰ぎます。日本から出向してきた社長だと「俺は気にしないから、どこでもいいよ」と言ってくれますが、それでも現地のナンバーツーの幹部が社長に代わって風水師を手配するため、どの会社からも必ずなんらかの要望が出てきます。

ただ風水師は違っても、風水の基礎となる考え方は共通しているので、「方角は南向きか東南向き」「池や川など水のあるそば」といった各企業から挙げられる条件は重なってきます。しかしオフィス移転を実現するためには、最終的にはそれぞれの企業に別々のフロア、別々のテナント（区画）を割り当て、そこに入居してもらわなければなりません。

そのために私がプロジェクトマネージャーとして行ったことは、まずそれぞれの企業の「認知」や「条件」のコンフリクトになっている要因を詳細に分析して、各ステークホルダーの要求の優先順位を見抜くことでした。それぞれの企業の経営者自らの立場や考え方、価値観の違いから生まれる「何をいちばん重視し、こだわっているのか」を見ていくと、まったく同じではないことが分かってきました。つまり各経営者の優先順位が微妙に異なっており、この違いを明確にして、それぞれが優先度の高いこだわりに配慮して納得できる解決策を見いだしていけば、別々のテナントに振り分けることができると考えました。

具体例として、オフィス移転に伴い3人の経営者の意見を聞いた場合を挙げます。3人とも第一希望は同じですが、第二希望、第三希望、第四希望は微妙に異なっていました。

A社長：①南向き、②広さ、③角部屋、④正方形スペース
B社長：①南向き、②正方形スペース、③角部屋、④広さ
C社長：①南向き、②広さ、③角部屋、④正方形スペース

このように明確な優先順位をつけて提案されることはありません。しかし、経営者本人も現実的に自分の要求がすべて叶うわけではないことを理解しており、第一希望が叶わなかったときの保険として第二以下の希望まで内心では考えているわけです。そこで私は、3人のこだわりの強さや大事にしている価値観を会話のやりとりのなかから探り出し、次のように解決案を各経営者に提案していきました。

経営者3人が第一希望として「南向き」を掲げているなかでも、そのこだわりが最も強いA社長には「南向きの希望を叶えるようにします。その代わりほかの希望は全部諦めてください」と交渉しました。反対にB社長には、第一希望だった南向きは諦めてもらう代わりに第二希望以下の2つの希望は叶えることを約束しました。そして「南向き」を第一希望として挙げていたものの、それと同じくらい「広さ」にこだわりを持っていたC社長には、「南向き」が叶えられない代わりに、十分な「広さ」を確保することで条件をのんでもらいました。

それぞれの希望に対して、一人ひとりの社長がどのくらいのこだわりがあるのか、その強弱や優先順位を見抜き、それぞれのニーズに合った提案を行ったことで、最初は不可能に見えた調整が可能になったのです。

もう一つ大事なことは、誰もが平等に何かを我慢してもらうようにしたことです。誰か一人だけが損をするわけでも、得をするわけでもなく、平等に希望（の一部）を叶えたことで、プロジェクト完了後にステークホルダーから不平不満が上がることもありませんでした。

コンフリクトマネジメントの秘訣2　共通する目標（価値観）を意識させる

「条件」のコンフリクトのように、ステークホルダーそれぞれの立場や役割による違いから生まれる対立や衝突があります。このコンフリクトをマネジメントする場合は、対立している関係者同士が共通した目標を持てるように、視点の対象を広げる方法があります。

例えば国単位で見ると、日本人と中国人では国籍が異なり、人種も違います。それを広いリージョン（地域）単位で見れば、日本人も中国人も同じアジア人になり、一つに括《くく》ることができます。これを今度は地球規模で見れば、アジア人もヨーロッパ人もアメリカ人も同じ人間としての共通部分が持てるようになります。

このように、プロジェクトにおける目的や目標の設定も同じように考えることができます。個人や組織などを個別化していくとそれぞれの利害が優先されてしまいますが、もっと俯瞰して会社全体で考えると、これまでコンフリクトしていた異なるステークホルダー同士も同じ目的を目指して取り組めるよう導くことが可能になります。

中国でのオフィス移転の際も、移転に反対している企業は移転が面倒くさいだの、△△社よりもオフィスが階下になるのが嫌だの、それぞれ理由を並べて抵抗する会社もありました。しかし、もう一段レイヤーを上げてグループ全体での利益を考えれば、グループ会社が同じビルに入り距離が近くなったことで、お互いコミュニケーションが取りやすくなり、協業がしやすくなるメリットがありました。

また、各企業が個別にオフィスを借りていると、会議室も小さなスペースしか設けることができません。オフィスを移転して、全グループでビル一棟を借りることができれば、大人数が収容できる大会議室も用意でき、各企業が利用することができます。そのほかにも、集中して仕事ができる個室ブースや社員同士の対話を活性化するコミュニケーションスペース、しっかり休みが取れる休憩スペースなど働きやすい環境を充実させて、社員の生産性やロイヤリティ向上につなげることもできるわけです。

つまり、各ステークホルダーに対して自らの所属先・ポジションにおける立場としての利害関係ではなく、その上位の視点で物事を見るように働きかけて、誘導することに注力しました。公の会議でメッセージ発信したり、個別に面会してメリット・デメリットを示したりすることで、相手も自分事として考えてくれるようになっていきました。

コンフリクトマネジメントの秘訣3──コンフリクトこそ進化につながると理解する

同じ考えや価値観の人たちが集まっている組織などではコンフリクトが少なく、物事は順調に進む傾向があります。そんなプロジェクトであればマネジメントもさほど難しくありません。しかし、従来のやり方に意義を唱える人もいない状況なので、変化する必要もなく、新たなアイデアもあまり出てきません。

コンフリクトが起こる組織というのは、プロジェクトマネージャーの立場からすれば手間もかかるため、非常に厄介です。しかし、そうした摩擦があるからこそ、問題の本質が炙《あぶ》り出され、それを乗り越えたときにはメンバーやステークホルダーとも新たな関係を構築することができ、組織としてのつながりも強固になっていきます。

例えば、メンバーみんながより密にコミュニケーションを図るようになったり、従来だとなかなか出てこなかった新たなアイデアを創出できるようになったりと、これまで想像もしなかったようなチームとしての進化を目にすることができます。もちろん、プロジェクトマネージャーにとっても成長の機会となり、レジリエンス（困難から立ち直る力）も身につきます。

このように、プロジェクトチームをもう一つ上のステージへ押し上げる機会として、コンフリクトを前向きに活用するのもプロジェクトマネージャーとして重要な視点です。

コンフリクトマネジメントの秘訣4 ―― 自身でコンフリクトを楽しむ

プロジェクトマネジメントに取り組んでいると、コンフリクトが起こる場面に必ず立ち会います。しかしコンフリクトをうまくマネジメントできれば、ステークホルダーともその後良好な関係を構築することができるようになります。

私が経験した中国でのオフィス移転プロジェクトにおいては、さまざまな企業の社長と交渉を行いました。相手が１００％満足できなくても、彼らのこだわりを少しでも満たせるように対処していくことで、尽力したことを相手も分かってくれて、最後には感謝の言葉を伝えてくれる社長が何人もいました。予期せぬようなコンフリクトやトラブルが発生

コンフリクトマネジメントの秘訣

コンフリクトマネジメントとは?
どんなプロジェクトにおいても生じる
矛盾(コンフリクト)をいかにマネジメントできるかが、
プロジェクトの成否を大きく左右する。

認知のコンフリクト　条件のコンフリクト　感情のコンフリクト

↓

【筆者が考える4つの秘訣】
①相手の優先順位を見抜き、コンフリクトのパズルを解く
②共通する目標へ視線を昇華させてコンフリクトを解消する
③コンフリクトがなければ進化は起きないことを理解する
④コンフリクトをゲームのように楽しむ姿勢を持つ

して、「これは無理なのではないか」と諦めかけたことも正直あります。それだけに、最終的に北京、上海、広州の3つのエリアでのオフィス移転が完了したときには感無量でした。

　このようなカルチャーや価値観の異なる相手と交渉・調整しながら進めていくプロジェクトを経験して思ったのは、コンフリクトに対しては自らの背を向けずに、果敢に飛び込んで「楽しむ」ことがいちばんだということです。中国赴任時は、日本人とは大きく異なる中国人の考え方や価値観に大いに戸惑いました。しかし、中国人には日本人よりも合理的に物事を考える人も多く、自分自身の仕事への向き合い方やプロジェクトマネジメントにおいて、さまざま

なことを学ぶことができました。

人間は自分に興味を示す人には好意を持つ生き物なので、相手に対してリスペクトと興味を持ち続ければ、必ず自分に良い結果として返ってきます。反対に自分が相手を受け入れずに否定的なところを見せると、相手もそれを察知して心を開いてくれなくなります。コンフリクトは厄介なものではなく自分や相手を変えるチャンスだと思って、楽しみながらチャレンジすれば相手も歩み寄ってくれます。

知恵は、知識として見聞きして得るよりも自分の経験を通じて得たほうが、はるかに大きな学びが得られます。グローバルな環境に身をおき仕事をすると、想像を絶するような出来事など日常茶飯事です。プロジェクトマネージャーとしてどのように判断すべきなのか、決断に迷うことも少なくありません。そんなとき、私の場合は、自分の引き出しが増える機会をもらえたと開き直り「これで人に話せる苦労話のネタが一つ増えた」と思って、コンフリクトを楽しんで取り組むようにしています。

人の行動を変えるには「説得」よりも「納得」、「納得」よりも「共感」

「説得」というのは、ロジック（正論）で相手を説き伏せて、賛同を得ようという一方通行のコミュニケーションであり、「納得」はそれを相手が受け入れることを示します。一方、「あなたの言いたいことは分かる」「道理は合っているので、反対はしない」といったニュアンスは、いわゆる「腹落ち」しているかどうかは分からない状態です。

それが「共感」までいくと、「あなたの言っている根本の背景まで理解しています」「あなたの思い、価値観に賛同します」というレベルに達します。「共感」まで得られれば、こちらが何も言わなくても相手は自発的に行動するようになります。だからこそ人の行動を変えるには、「説得」よりも「納得」、「納得」よりも「共感」が効果的なのです。

相手に「共感」してもらうようになるためには、ゴールデンサークルで解説した「WHY（目的）」の共有が大事になってきます。WHYまで至らずHOWやWHATでのコミュニケーションのままだと、相手にやらされ感が残り、腹落ちには至りません。

中国駐在時代に、私も「納得」よりも「共感」を経験しました。当時、中国では日本の本社が買収したにもかかわらず英国の子会社が経営の主導権を握ることになり、私たち日本の本社からの出向者も、そのやり方に合わせていくことになったのです。私は「こちらが買収したのに」という感情的なコンフリクトがあって、なかなか納得できませんでした。現場主義（ボトムアップ志向）が強く残る日本人の私たちにとって、欧米のトップダウン志向も肌に合いませんでした。その後、トレーニングを受けて欧米のマネジメントスタイルについて詳しく説明を聞くなかで、次第にそのメリットを理解し納得はできるようになりましたが、感情的なわだかまりや違和感は消えず、相手と距離をおいた状態が続いたのでした。

しかし、実際の経営を一緒に進めていくなかで、英国企業の経営スタイル（ガバナンス）がどのように優れているか、なぜグローバル企業はそのようなスタイルを取る必要があるのかの理解が深まり「グローバルビジネスのスタンダードはこれだ」ということが、次第に腑《ふ》に落ちるようになったのです。

当時、私は日本側のＩＴ責任者の要職に就いていて、英国側のライバルとはどちらが中国地域の責任者となるかポジション争いを繰り広げていました。しかしその過程で、私は相手の経営スタイルに共感し、リスペクトをするようになった結果、自らそのポジションを相手に譲るほうが組織にとって望ましいと判断することにしたのです。この行動は相手にも驚かれ、勇気を讃《たた》えられました。このように共感までいくと、相手に言われなくても、自らの利得にこだわることなく自律的なアクションを起こすこともできます。

説得や納得は、理論や理屈の世界で進めていくことができますが、共感は自らが体験しないと得ることができないと考えます。説得する側と、受け入れる側との協働の実体験を通じて、共感へと昇華されていくのだと、自身の体験を通じて痛感しました。

相手を打ち負かしても共感は得られない

コミュニケーションは、相手を打ち負かしてこちらの言い分を通すことが目的ではありません。異なる意見であっても相手が納得して共感し、ポジティブに行動できるようにつなげていくことが必要不可欠です。そうしなければ、プロジェクトを前に進めることはできません。

こちらの言い分を相手に理解してもらうにしても、説得するだけでは相手は一方的に押し付けられたと思うだけで、納得などしてもらえません。自分側の意見を聞き入れてもらえず、むしろ不満などのネガティブな感情しか残らなくなります。私も若い頃には、こうした失敗をいくつも経験してきました。

外部のベンダーに開発作業を委託したＩＴプロジェクトで、私は発注施主であるクライアント側のプロジェクトマネージャーを担当していました。当時の私は、ロジック（理論や理屈）が正しいか、そうでないかという基準のみでプロジェクトを管理していました。そのため、ベンダー側にも同じことを求めており、その意見に反論できない相手が未熟だとさえ考えていました。同僚からも「サッカーの試合にたとえれば、今日も一人でドリブルして相手陣地に攻め込みゴールを決めていたね」と言われ、それを自分自身は褒め言葉として受け止めていたぐらいです。

しかしその一方で、いくらベンダーに指示をしてもプロジェクトの状況が改善されず、また対人関係においてもしこりが残り、いつもモヤモヤとした気持ちでプロジェクトマネジメントを行っていたのも事実でした。これは自分が100％正しく、相手が100％間違っている（0－100思考）を前提に一方的なコミュニケーションを行っていたからなのだと、今となっては分かります。

相手の言い分や要求を聞き、それを受け止めたうえで、次にどうするのか。こちらの一方的な言い分や論理を伝えているだけでは、チームとしては機能しないことを、この失敗から学びました。

人には必ずしも100％は伝わらない

プロジェクトにおいてトラブルが発生した場合、それを解決に導くためにはトラブルの「現象の把握」「原因分析」「影響範囲の特定」を経て「問題の本質」を見極めることが必要です。そして、その後「解決策の提示・手順」などのトラブル解決の方法のプロセスにつながっていきます。初期段階において、なんらかの問題が報告された場合に相手の言いたかったことがすべて理解できたかは、一方的なやりとりだけでは分かりません。私は40代半ばになって、英語習得のために英国に短期留学をしたことがあります。その際、語学の指導をしてくれた英国人講師が、私の語学の欠点を次のように説明してくれました。

「日本人は、普段から同質性の高い集団にいて、お互いに意見をぶつけ合うことが極めて少ないので、コミュニケーションが一方的になりがちです。例えばテニスはお互いにボールを打ち返して初めてゲームが成立します。コミュニケーションも同じように、相手からストロークされたボールを受け取るだけでなく、それを相手に返さなければ続きません。しかし日本人はボールを打ち返さずにやめてしまいます。あなたもそうです」

仮に相手が言ったことを100%理解できたと思っていても、「つまり、こういうことですか」と自分の言葉に置き換えて相手に確認しなければ、それが伝わっているかどうかは双方にとって分からないままで終わってしまいます。テニスのようにお互いに打ち返して初めて、それぞれの認識ギャップが明確になり理解が進むようになります。

ましてや「私は70%しか理解できていない」という自覚があるなら、残りの30%を理解するためには、相手に追加で質問をするなどして再度聞き直さなければこのギャップを埋めることはできません。このように双方向で質問したり回答したり、発言を補足したりしてコミュニケーションを交わすうちに、対話の質が上がっていくことを認識し、実践で心がけることが重要です。

さらに、日本語は英語と違い、主語や述語を省略したり、修飾語の順番を自由に変えたりすることができるため、さまざまな解釈が可能になってきます。そのため誤解が起きないよう、通常以上に注意を払って対話を行う必要があります。

私は他者とコミュニケーションを図るうえで、互いに誤解が生じないようにするため2つの取り決めを自身に課しています。

1つ目は、相手の意思や意図を丁寧に確認することです。メールやチャットでやりとりする場合、分かりやすい内容であれば「そうです」「承知しました」といった簡潔な意思表示で問題ありませんが、さまざまな解釈ができそうな場合は、こちらの理解を詳細な文章表現で提示して、相手に最終確認を求めるようにします。そこで齟齬《そご》があれば、相手はさらに詳しい説明を追加してくれるので、相互理解に近づくことができます。

2つ目は、相対的・主観的ではなく絶対的な単語表現を使うことです。絶対的な表現とは、自分の期待や思いといった感情を表現するのではなく、事実をベースに伝えることです。例えば締切が迫っているので納期に遅れないように確認のメールを送る場合、次のような違いがあります。

●思いを反映したバージョン

進行状況はいかがでしょうか。納品が遅れると、ほかの人がとても困ることになります。とにかく、なる早で設計業務を完了してください。

●事実を反映したバージョン

進行状況はいかがでしょうか。最終リリース日に間に合わせるには、今月末の会議で承認を得る必要があり、私は明後日から資料準備を始める必要があります。そのため明日○月○日（水）の13：00までに設計業務を完了してください。

いつまでに何をすべきなのか、そしてそれをやる理由を伝えなければ、依頼の意図や重要性を認識してもらえません。認識のズレが起きないように、できる限り詳細かつ具体性のある絶対的な表現を使うべきです。

「相手の意図を丁寧に確認する」「絶対的な表現を使う」は、どちらもプロジェクトマネージャーなら意識して行っていることだと思いますが、忙しくなってくるとおろそかになってしまいがちです。日常のコミュニケーションをおろそかにすると、気づいたときには取り返しのつかないトラブルやミスに発展していることも少なくありません。

システム開発プロジェクトは、基本的に要件定義→設計→開発→テストというプロセスで進んでいきますが、後工程でミスが発覚してつくり直すことになれば、その後の作業期間やコストが大きく膨らんでしまいます。つまり、前工程でミスを見つけられるほうが修正に早く着手でき、コストや手間もそれほどかからずに軌道修正が行えるのです。

コミュニケーションも同じだと思います。齟齬を起こさないのがいちばんですが、自分の意思を相手に100％伝えるのは難しく、反対に相手の言うことを100％理解するのも簡単ではありません。対人コミュニケーションは常に齟齬が生まれやすいと肝に銘じ、「これは間違った理解をされそうだ」「どちらの解釈にも取れる」といった誤解が生じそうな場面においては、早い段階で正しい理解を促せるような丁寧なコミュニケーションを行うことが大切です。そうすればあとあと大きなひずみや溝になりません。人はそれぞれに個性があり、大切にしている価値観も生きてきたバックグラウンドもまったく異なります。そんな人たちが連携していくには、こちらの話が100％は伝わらないことを前提に対話を行い、相手を慮ったコミュニケーションを意識します。これは今後、ますますプロジェクトマネージャーに求められるスキルです。

本書で紹介している哲学・思想のコンセプト

第3章

●ゴールデンサークル（サイモン・シネック）
「何（WHAT）」をするか、「どうやって（HOW）」するかより、「なぜ（WHY）」するのか

●ロゴス・エトス・パトス（アリストテレス）
説得よりも納得、納得よりも共感

第4章

予測不能な未来に潜む障害やリスクに立ち向かうプロジェクトの一歩先を読み切る「先見力」

プロジェクトの成否を左右するプランニング能力

計画のないプロジェクトは存在しません。したがって、プロジェクト計画の策定はプロジェクトマネージャーにとって最も重要なミッションであるといえます。新たなプロジェクト計画を策定する際、従来であればこれまでに担当した類似のプロジェクト計画が大いに参考になりましたが、変化が激しく未来を予測するのが困難な現代においては過去の事例や経験値がどんどん通用しなくなっています。これからは、プロジェクトマネージャー自らがプロジェクトの一歩先を読み切る先見力が求められています。この章では、創造力や仮説立案、バックキャスト思考、リスクへの対処法などプランニング能力に磨きをかけるために有益な哲学を解説していきます。

創造力はクリエイターだけの専売特許ではない

私が定義する「創造力」とは、頭の中で考えるだけでなく、価値あるものとしてつくり出す能力のことを指します。創造力は、クリエイターやアーティストだけのものと考えがちですが、決してそんなことはありません。誰にでもその能力は身につけられます。

ＰＭＢＯＫにおいては、プロジェクトマネジメントの標準ルールが明記されていますが、教科書的にそのとおりやるだけではこのＶＵＣＡの時代において、通用しないことが増えてきました。これからはプロジェクトの状況に応じて、自分でプロジェクトマネジメントの基本ルールを変更して対処していくことが求められます。これも実は、立派な創造力であるといえます。

創造力は、奇想天外な発想などができる右脳的な思考スキルではなく、これまで蓄積してきた経験や教訓などを組み合わせて活用する能力だと私はとらえています。「引き出し」といわれる経験やノウハウを数多く持っていると、この創造力はさまざまなプロジェクトマネジメントに応じて活用することができます。

漢方薬局の調剤室にある簞笥《たんす》から生薬を取り出し、症状に応じて組み合わせるというようなイメージです。ケースによっては、過去経験した知見をそのまま使えるときもあれば、異なるプロジェクトで培った知識を組み合わせて活用する場合もあります。しかし、必ずしも「引き出し」の数を増やせば創造力が高まるかといえば、そういうものではありません。数が多くても、同じような「引き出し（入っている中身が同じ）」では使えるシーンも限られてしまいます。できる限り多種多様なプロジェクトを経験して、多彩なバリエーションの「引き出し」を持てるようになれば、いざというときに創造力が発揮できます。

このように、私がプロジェクトマネジメントにおいて創造力を意識することになったのは、ある弁護士の言葉が頭の中に残っているからです。前職で、担当のプロジェクトが難航していたときに会社の顧問弁護士に相談したことがありました。当時私は弁護士というのはロジカルな仕事の典型だと思っていたので、その顧問弁護士に「この仕事は創造力が極めて必要です」と言われたとき、その意味がすぐには理解できませんでした。そこで彼がその意味を詳しく説明してくれました。

「私の仕事は誰かを訴える、あるいは訴えられるという「相手」が常にいる仕事なので、相手がどんな考えを持ち、どういうアクションに出てくるのか、あらゆる可能性を予測してシナリオを立案し対処します。これには自身で経験してきたことや、これまでインプットしてきた法律や判例を組み合わせてとことん考えなければなりません。まさに創造力なくしてできないことです」

この話を聞いて、担当している分野こそ違いますが、これはプロジェクトマネージャーも同じだと思いました。プロジェクトを進めていくうえでは、メンバーやクライアント、ベンダーなどそのプロジェクトに関わる多くのステークホルダーがいます。その人たちと交渉するのはもちろん、トラブルへのリスクヘッジのためにあらゆる可能性を予測して対策を組み立てます。そのときに、これまでの引き出しを活かして創造力を発揮することが求められるのです。

創造力で不確かな状況に備える

プロジェクトは、予定どおりにいかないことがほとんどです。必ず予期せぬトラブルのような出来事が起こります。バリエーション豊かな引き出しを数多く持つことができれば、それだけ不確かな状況にも備えることができるようになります。

プロジェクトマネジメントに「創造力」が必要だと考えているプロジェクトマネージャーはほとんどいないかもしれません。プロジェクトマネジメントの教科書であるPMBOKにもそのようなことは書かれていません。ただ、無意識のうちに実践している人は多いように思います。

そんな人たちは、実践でどのように創造力を活用しているのかというと、最も代表的なのがプロジェクトの計画立案においてです。プロジェクトにおいて、スタートからゴールまでの道筋は決して1つではありません。何を重視するかによって、どういう順番で作業をするのか、どのような作業内容を盛り込むのかなど、さまざまな組み立て方（ロードマップ）が考えられます。そして、それぞれのロードマップで起こるかもしれない障害のリスクを事前に予測し、最良の選択を行っていきます。こうした一連の流れにおいて、従来培ってきた引き出しを最大限活かすことが必要になります。

創造力（引き出しの数）が乏しいプロジェクトマネージャーの場合、同じロードマップしかつくることができません。発想がワンパターンになってしまうと非常に危険です。なぜなら、プロジェクトの途中では予期せぬ問題が必ず起こるからです。最初Aというロードマップで計画を進めたものの、途中でトラブルが発生し、Bというロードマップに切り替えなければならないことが起こる場合があります。創造力が足りないと、そうした状況の変化に迅速に対応できずに、スケジュール遅延や予算超過などが発生し炎上プロジェクトになってしまう可能性が高いのです。

システム開発においては、それぞれのプロセスでの作業期間が決まっています。およそ1年間でシステムを開発する場合、従来のウォーターフォール型開発だと要件定義2カ月、基本設計3カ月、プログラム開発5カ月、テスト2カ月というのが標準的なスケジュールです。しかし、そのプロジェクトの特性や関わるステークホルダーなどに合わせて、各プロセスでの作業期間を柔軟に変更して、プロジェクト全体を組み立てます。例えば、クライアントがシステムの機能や性能をじっくり検討したいのであれば、要件定義と基本設計に半年以上の作業期間を設けて後工程の開発作業を短くするなど調整を行います。

またクライアント側が担当者だけでなく、その上長など会議に参加していない人からの意見がシステム開発に大きな影響を与えそうな場合は、アジャイル型開発を適用して早期にプロトタイプ（試作品）を見せたほうが、機能や性能などに対する上長の意見を早期に吸収できることもあります。このように、あらゆる可能性を視野に入れ、柔軟に対応することが重要で、それができる能力がプロジェクトマネージャーにとっての「創造力」なのです。

変則的な作業手順も採用する

創造力にたけたプロジェクトマネージャーは、ＰＭＢＯＫで示されている作業の順番を意図的に変えることもあります。例えば、システム導入で一般的に活用されている開発手法、ウォーターフォール型開発では、プロジェクトの品質を担保するためには、前工程が確実に終わらないと次のプロセスに着手できないことになっています。この考え方に基づいて行えば、開発後のテスト工程においては、ベンダー側が自分たちでテストをすべて完了して初めてクライアントに試してもらうユーザー受け入れテストを行うのが一般的な流れになります。つまりベンダーテストが終わってからでないと、ユーザー受け入れテストを行うことはできません。ユーザー受け入れテストとは、ベンダーなど外部で開発したシステムを納品時に本番環境もしくはそれに近い環境で、不具合などがなく動作するかどうか確認するテストのことです。

しかし私は、あるプロジェクトでベンダー側のシステムテストを7割程度の完成度のところで、同時並行でユーザー受け入れテストを行う流れに変更しました。

なぜベンダー側のテストを7割しか行わなかったかというと、残りの3割については、これ以上ベンダー側でテストを行っても精度が上がらないと判断したからです。どんな優秀なベンダーでも、クライアント側の業務を100％理解できているわけではありません。そのため、そのシステムを業務で活用するにあたって、今後どういう不具合が起きるか、ベンダー側のテストだけですべて発見するには限界があります。

本来のテストとしては合格点ではありませんが、早期にクライアントに開放して実際にクライアントがシステムを活用するなかで不具合や改善点などを指摘してもらったほうが、結果的には早く完成度を上げることができると考えたのです。これを正攻法のやり方にこだわって残りの3割まで完成度を追求していたら、限られたリソースのなかで完了することができず、いつまで経っても終わらない状況に陥っていたかもしれません。

ただし、私が選択した進め方だとシステムとして不完全なままクライアントに提供することになるため、クライアントによってはクレームに発展する場合があります。そこで進める前には、クライアントにこの変則的なやり方を進めることに納得してもらうためのコミュニケーションが必要になります。このような重要な意思決定を行う場合には、Pros／Cons（プロコン）と呼ばれる分析手法が不可欠です。2つの異なるプラン（代替案）をメリット／デメリットなどに分けて比較検討できる材料を用意して、議論を行い、プロジェクトの合意形成を促します。

今回の場合は、通常どおりのテスト方法か、もしくはベンダーテストとユーザー受け入れテストを組み合わせた方法かの2つを、「コスト」「スケジュール」「品質」などの観点でメリット・デメリットを評価しました。結果的に、プロジェクトオーナーが優先したのは「スケジュール」です。その観点でこの2つの方法を比較すると、後者の方法が有利です。もし、品質重視で進めたいとなれば、通常のテスト方法が選択されたはずですが、これだといつ終わるのか見込みも立たず、さらにコストも膨れ上がっていくリスクがありました。

Pros／Cons（プロコン）分析を使いこなす

この事例はテスト時に発生した例外的なケースですが、複数案のなかから最良の一つを選択するという場面において、このような「Pros／Cons（プロコン）分析」は頻繁に用いられます。私が過去に携わった事例を一つ紹介します。とあるシステム導入のプロジェクトで、「新たな市販パッケージの導入」か「現行システムの改修」かで検討しました。

通常、メリット・デメリットは表裏一体です。2つの案を比較する場合、A案でメリットだったことが、もう片方のB案ではデメリットになることは多いです。しかしPros／Cons（プロコン）を注意深く整理すると、A案のメリットが必ずしもB案のデメリットになっているわけではありません。単純な裏返しにならないケースとして、何を最重視するのかという比較の前提条件次第で評価が変わってくるのです。「前提がXのときは、A案が有利でB案は不利」ですが、「YのときはB案のほうが有利」となることがあります。このケースでは、コストを重視すれば明らかに現行システム改修が有利ですが、コストよりも機能性やスピードを重視すれば、パッケージ導入のほうが有利となります。このよう

Pros／Cons（プロコン）分析の事例

評価	パッケージA		現行システム改修	
機能評価	● 販売業務の運用改善を図るために必要な機能はおおむね実装されており、システム基盤としての有効性は高い。 ● ユーザーの要望に沿って年数回のバージョンアップが行われるため、今後も継続的な機能アップが期待できる。 ● パッケージ機能に業務を合わせることで、現行業務・ルールにとらわれることなく新しい業務運用への移行が期待できる。	◎	● 現在も利用されているシステムを機能拡張するため、現行業務運用の変更を最小限にとどめることができる。 ● 顕在化している業務ニーズに基づいて開発するため、今後の業務ニーズの追加や変更に対する拡張性・柔軟性には欠ける。 ● 具体的な要件定義・設計はこれからなので、パッケージA導入に比べて要件定義のために社内メンバーの工数が多く発生する。	○
	● 会計システムとのデータ連携などの課題があり、現行運用に比べて制約が発生することが見込まれる。	△		
システム運用評価	● 他社でも稼働実績が豊富なクラウド環境利用であり、安定した運用が見込まれる。 ● ただし会計システムとのデータI/Fや、各種マスタのメンテナンスが発生するため、一定の運用負荷の発生が見込まれる。	○	● 現行販売システムの運用は安定しており、機能追加後の運用障害や負荷増大のリスクは少ない。	◎
コスト評価	● 初期費用に加えて、毎年のライセンス費用発生が見込まれている。	△	● 開発費用規模は、パッケージA導入のための初期費用よりも小さい。 ● 毎年のランニング費用も限られているため、コスト比較の観点では現行システム改修案のほうがリーズナブル。 ● ただし、今後の業務要件次第で機能拡張が増えると開発費用が増加するリスクがある。	○
スケジュール評価	● 最早で2025年10月からの本番運用開始を目指すことができる。	◎	● 現行システムを改修できる開発担当者が限られており、パッケージA導入に比べて、本番運用実現の時期が、1年半から2年ほど遅くなることが見込まれる。 ● 社の経営改革を急ぐ状況下においては、スピード感が合わない懸念がある。	×

に前提条件も明確にしたうえで、2つのアプローチをメリット／デメリットで比較して可視化すると、決裁権を持つクライアント側も決断しやすくなります。

「仮説立案→検証→課題抽出」のフレームワークを活用する

プロジェクトは規模にかかわらずスピードが求められます。そこで活用できるのが「仮説立案→検証→課題抽出」のフレームワークです。仮説を立てずにプロジェクトを進めようとすると、行き当たりばったりの行動をしてしまうことになり、時間を無駄に費やすだけでなく、スケジュール遅延やコストオーバーによる損失を生み出しかねません。

「仮説立案→検証→課題抽出」を行うには、まず仮説をいくつか立案し、そのなかで最も効果が出ると考えられるものを選びます。そしてそれを実行して検証します。万が一うまくいかなかった場合は、その課題を改めて検討し、別の仮説を立てて検証し、また次に新たな課題がないか模索していきます。このようにして課題がなくなるまで、繰り返し行います。

プロジェクトの企画を立てる際はもちろん、設計、プログラミング、テストと、どの作業プロセスにおいても仮説による思考のフレームワークが役立ちます。より迅速に行えるようになるためには、ここでもプロジェクトマネージャーの頭の中にいくつもの仮説の「引き出し」が必要になってきます。さまざまな種類のプロジェクトを経験し、引き出しを増やしていくと、プロジェクトの規模や種類に関係なく、この場合はこの引き出しが使える、これとあれを組み合わせればできるようになるなど、仮説の立て方がつかめてきます。

具体的な進め方としては、まず仮説の候補案を3つぐらい考えます。そこからPros／Cons（プロコン）で比較検討して、どれが最適な案なのかを絞り込みます。このとき、自分のなかにある引き出しを活用すれば、短期間で組み立てることが可能になります。

すでに進行中のプロジェクトの支援要請を受ける場合、なんらかの問題を抱えていることがほとんどです。作業遅延により時間的猶予は残されておらず、プロジェクトオーナーは速やかな問題の発見と解決策の立案、実行に至るまでのアクションを望んでいます。私はこのような相談を受けたとき、まずオーナーやプロジェクトリーダーにヒアリングを行い、現状の問題点を私自身の仮説を基に簡潔にまとめます。

もし私の頭の中に仮説がなければ、これらの課題を一つひとつ現場の関係者からヒアリングしていくことになり、それだけで多くの時間を費やすことになってしまいます。仮説による思考のフレームワークを活用すれば、その時間を大幅に短縮して課題を整理でき、次の仮説検証のアクションにすぐに取りかかることができるのです。

実際にその後の検証段階では、PMOとして現場に入って情報を収集し、仮説の一つひとつを分析・評価し、さらなる具体的な課題抽出に活かしていきました。このように、仮説立案→検証→課題抽出の順に進めることで、迅速にプロジェクトマネジメントを推進していくことができます。

少し脱線しますが、この思考のフレームワークは、仕事で取り入れていると知らず知らずのうちに習慣化されていくので、日常生活においても活用できるようになります。

例えば私は食べることが好きなので、おいしいお店の開拓にこの思考法を活用しています。最近だとおいしい鮨屋探しです。私がおいしい店舗として仮説立てしているのは、「日曜や祝日は営業していない」「職人は短髪で身なりが清潔である」「厨房《ちゅうぼう》が整えられており、調理器具は客からは見えない」の3点です。その条件で選んだ店に行ってみると、ほぼ高い確率で新鮮なネタの鮨をおいしく食べられます。この仮説には根拠があります。魚市場は日曜や祝日は閉まっているので、魚の鮮度にこだわる料理人であれば営業しない傾向があること。お客に少しでも料理がおいしいと感じてもらえるように、鮨ネタの優劣だけでなく、空間そのものが心地よく非日常を楽しめる演出がされていること。そのために、職人の身なりから厨房の整理整頓まで妥協がないこと。このような仮説を持っていなかっ

仮説立案のフレームワーク

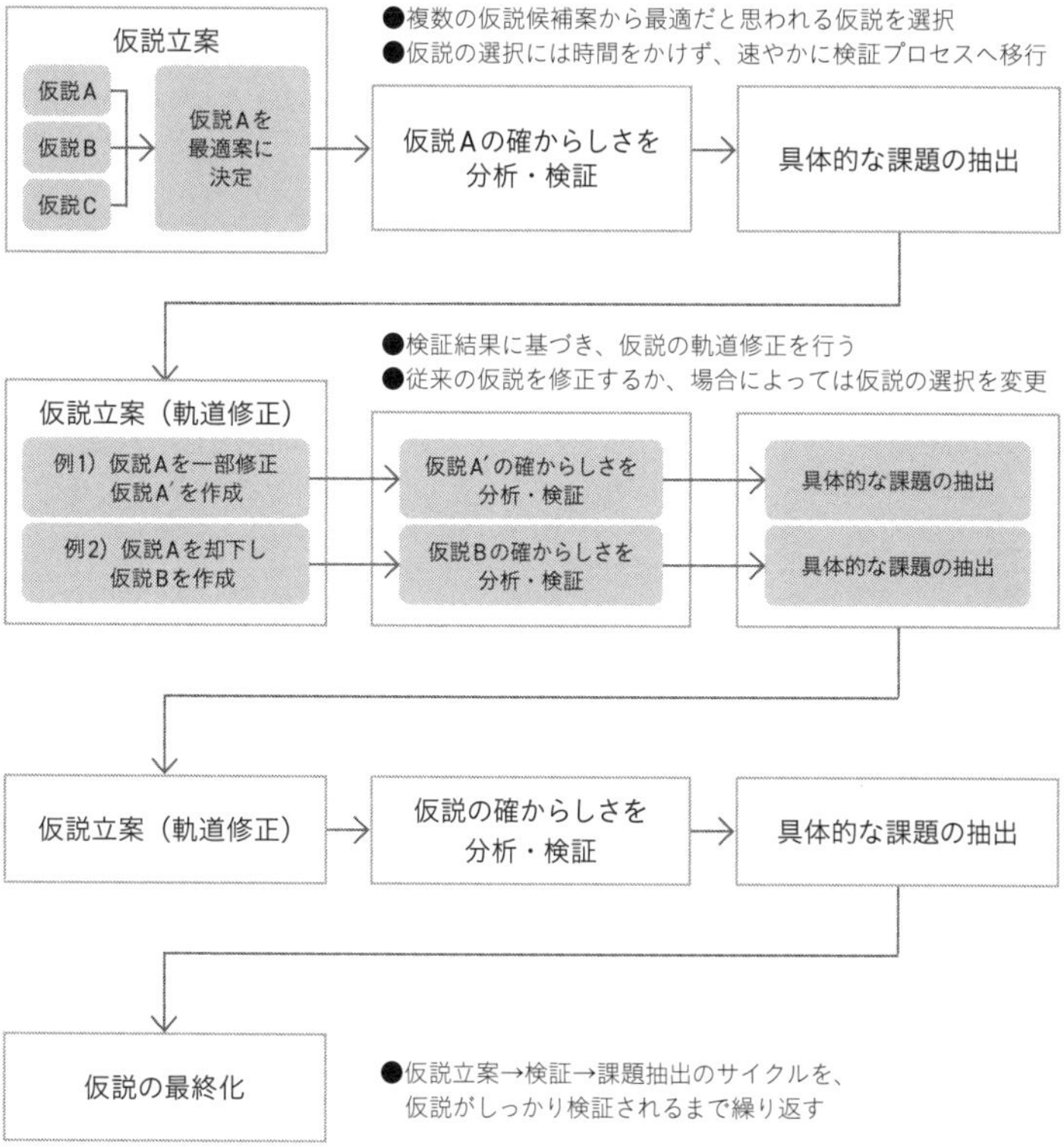

た頃は、なかなか自分が求める鮨屋に巡り会えませんでした。しかし、こうした失敗（期待外れ）の原因を検証して、課題抽出という振り返りを行うことで、次なる仮説に活かすことができたのです。つまり、こうした思考法を繰り返し行うことで、失敗しても必ず得るものが出てきます。日常生活でも取り入れていくことで、生活の知恵となる引き出しが増え、仮説立案も磨きがかかってくるのです。

バックキャスト思考でロードマップを描く

未来を予測する思考法には2種類あります。1つは「フォアキャスト思考」で、もう1つは「バックキャスト思考」といわれるものです。前者は、過去そして現在の延長線上で、これまでのデータに基づいて、実現可能な未来を積み上げて描いていくやり方です。後者は未来のあるべき目標を描いたうえで、そこから逆算して未来までの道のりを考える方法です。

社会の発展や技術の進歩が緩やかだった時代は、変化が少しずつ連続的に起きていたのでフォアキャスト思考で十分通用しました。その後ＩＴ技術が発展し、変化が激しく不連続で先が読めない複雑な時代になってきました。そのため近い未来から順番に積み上げて、遠い先の未来を予測しようとしても、考えや計画が行き詰まりやすくなっています。そこで発想を逆転させて、到達したい未来を起点にして、そこまでの道のりを考えるバックキャスト思考が役立つようになってきたのです。この思考法は、事業戦略を策定するうえでもよく活用されており、プロジェクトマネジメントにおいても有効です。未来の目的やゴールを設定し、そこに対して計画的に導いていくのがプロジェクトマネジメントだと考えると、むしろそれはバックキャストアプローチそのものといえます。

だからといって、すべてのプロジェクトマネージャーがバックキャスト思考法を使いこなしているわけではありません。例えばプロジェクトの工程を設定するときに、これとこれをやって、次にあれをやっていくというようにタスクを順番に積み上げて、「これだと終わるのは3年後ですね」と考える思考法だと、むしろフォアキャストになります。

そうすると多くのクライアントからは「3年後にシステムがリリースされても遅すぎる」という反論が上がってきます。私がプロジェクトマネージャーで入る場合「それなら1年後に完了するためには、どういうやり方に変更すべきか」を考えて、開発プロセスを組み立て直します。こうしたやり方が、バックキャスト思考です。クライアントの要望をすべて反映するのではなく、クライアントと目的やゴールを共有して、それらの達成に向けてプロセスなどをがらりと変えてコンパクトにして、マネジメントを行います。

バックキャストの場合はゴール設定から行うので、どこにゴールを設定するのか決めるのも重要になってきます。仮に、大規模なためにすべてが完了するまでに3年かかるというプロジェクトがあったとします。その場合は「Quick Win」といって、まずは小さな施策を短期間で行い成果を上げる。そうした考えを取り入れて、プロジェクトを進めることがあります。つまり、すべてを一度にやろうとせずに、ある部門にだけパイロット版として開発システムを導入して半年間かけて結果を出すことを目指します。そこで実績を上げることができれば、その後はその成功事例を他部門に横展開していきます。そうすれば、短い作業期間で成果につなげられ、クライアントも納得してくれます。

またバックキャスト思考の良い点は、3年後や5年後の目的（未来）を設定すると同時に、そこから逆算して今から6カ月後、3カ月後、1カ月後の中間到達点はどこか？という徐々に近い未来のゴールを具体化していくことで、直近のゴールに到達するためのプランもより現実的に考えるようになり、すぐに実行して検証するというアクションにつなげやすくなります。

人間は普通、遠い将来のことはぼんやりとしか想像できないので、そこに到達するまでの行動に結びつかないことが多いです。例えば自分のいる業界が斜陽産業といわれて久しく、この先の未来を描けないという悩みがあるにもかかわらず、勤めている会社は「自分が退職するまでは大丈夫だろう」と楽観的に考えている人がいるとします。本来であれば、業界の現状から推測して、自社の事業戦略は有効なのか、ここ数年間の売上・利益は健全なのかといった情報を収集して分析・評価し、「会社に残っていても問題がないのか」「今すぐ次の転職を考えるべきか」という方向性を決めるべきです。そして、1年後の自分のあるべき将来像を考え、そこから逆算して途中過程における中間ゴールを設定して実行していくべきです。しかし目の前の危機を自分事としてとらえられずにいると、突然会社が倒産したことを知らされ、どうしようと慌てふためくだけの結果に陥ります。

プロジェクトにおいても同じです。「時々ミスの報告が出ているが、それほど膨大な数ではない。作業期間はあと1年あるので、なんとかなるだろう」と思い、何も手を打たずに過ごしていると、気がつけば手遅れになっているということは珍しくありません。

そうならないように、プロジェクトマネージャーは最終ゴールから逆算して考えて、そこまでのプロセスにおいてのマイルストーン（中間ゴール）を設定して何をすべきかを明確にすることから始めていけば、優先して取り組むべき具体的なアクションも分かり、すぐに行動に移すことが可能になります。バックキャストで考えれば「今、直面している危機」を意識するまでに落とし込むことができます。

フォアキャスト思考でタスクA→B→Cを手前から順番にこなしていった場合、Cが終わる頃には時間が経ちすぎてしまっていて、開発したシステムが使い物にならないということがよく起こります。AやBのタスクを現場で担当しているスタッフは一生懸命に取り組むあまり、プロジェクト全体までは意識していない傾向があります。したがって、プロジェクトマネージャーは、現場担当者とは異なる視点で、つまりバックキャスト思考により常に最終ゴールのことを考えて取り組まなければなりません。そうすれば、無意識のうちに緊張感と危機感を持ってプロジェクトに向き合えるようになっていきます。

未来をどう描くかで、過去の定義が変わる

過去、つまり歴史というのはすでに起きた出来事であり、その事実が変わることはないと思われがちです。その一方で、歴史学者などが新たな史実を発見すれば、歴史は更新されていくのも事実です。新たな発見により、これまで有力とされていた説が否定され、新たな歴史に塗り変わっていく、あるいは世の中の意識の変化によって人々の主観が変わっていくことにより、過去の出来事の見え方が変貌を遂げることもあります。

同じように、過去のとある行動や意思決定が、自分の人生において「それは間違った選択だった」と後悔していても、あることが契機となって、悔やんでいた過去の行動や意思

決定が望ましいものであったと解釈が一転してしまうこともあります。そう考えると、未来→現在→過去という時系列とは逆方向での影響も大いに存在するといえます。

私自身、過去に体験した出来事の定義が変わったエピソードがあります。1つ目はコンサルティングファームの時代に、スポーツ用品メーカーへの基幹システム導入プロジェクトにプロジェクトマネージャーとして参加したときのことです。コンピュータシステムが誤作動する可能性があるといわれた「2000年問題」も重なり、非常に短納期でシステムをリリースしたところトラブルが続出しました。その対応に追われ、3カ月間は仕事以外のことは何も手をつけられない状況にまで追い込まれました。

これにより、プロジェクトマネージャーとして結果が出せない苛立《いらだ》ちや自分の不甲斐なさを痛感し、精神的にも落ち込み、自らのマネジメント能力も疑い、一度は会社を辞めることも考えました。

しかし時間が経つにつれ、システムが安定するようになりました。それによって私自身も、この本番リリースは失敗だったという過去の認識を改め、短期間に大規模なシステム入れ替えを行うための学びとして、多くのことを吸収することができる機会だったと考えるようになりました。これを糧に次のプロジェクトへつなげていかなくてはならないというポジティブな認識へと変化していったのです。

クライアントからの信頼も回復し、この経験から半年後には、同じクライアントのアメリカ子会社への同システムの導入を任されるまでになりました。このプロジェクトでは、一時は大失敗だと思っていた過去のプロジェクトで得た経験値が大いに役立ちました。

もし、そのプロジェクトでどん底に落ち込んだときに会社を辞めていたら、このプロジェクトは私にとって苦いトラウマでしかなかったと思います。このプロジェクトを未来に向けたポジティブな経験だったと自己認識できたことで、私自身にとってより意味のあるキャリアの転機となりました。

ここで重要になってくるのが「Lesson Learned（教訓）」という考え方です。これは過去の経験から学んだ知識や洞察を活用して、将来の活動やプロジェクトを改善していく気づきを見いだすことです。これにより、組織や個人は持続的に成長し、より効率的かつ効果的に目的やゴールを達成できるようになります。過去のしくじりを単なる失敗に終わらせず、どうすれば価値ある経験に転換できるのかを常に考えて取り入れていくことが、プロジェクトマネージャーの「引き出し」を増やすためには欠かせません。

もう一つのエピソードが、大手製薬企業に対するパッケージを活用した基幹システム導入のプロジェクトです。これは当時最も実績のあった競合のコンサルティングファームA社とのコンペ案件でした。私はこのコンペのプロジェクトマネージャーとして参画することになったのです。しかし社内では、私の上司を含めて「これは出来レースで勝ち目はない」という声がほとんどでした。私自身もその不安は抱いていたものの、プロジェクトマネージャーとして「目の前の業務を全力でやろう。それでも受注できなければ仕方がない。諦めよう」そういう気持ちで取り組みました。

まずはクライアントがどういうシステムを求めているのか、そのニーズをつかみたいと思い、私はクライアント先に足繁《しげ》く通いました。そこで見えてきたのは、この製薬会社には強烈なオーナーシップがあり、他社にはないオリジナル商品にこだわる企業カルチャーがあるということです。クライアントとの事前の打合せでも、「ほかの競合企業と同じことをやりたくない」「他社に追随するようなことはしたくない」という言葉がよく出てきました。そこでプレゼンテーションでは、私がほぼ毎日クライアント先へ通って得た情報を基に、クライアントがやりたいことを整理し、提案しました。その結果、見事にこのコンペを勝ち取ることができたのです。

このエピソードにおいても、「製薬会社のパッケージシステムならA社に任せるのがいちばんだ」という当時の常識に縛られていたら、私たちがコンペに参加することすら無駄になり、結果も上司の読みどおりになっていたと思います。その結果を覆せたのは、A社の過去の実績が、クライアントにとってプラスの判断材料ではなく、むしろ足かせだという認識に転換できたからだと思います。

過去に起きた事実を変えることはできませんが、その事実を未来に対してどう意味づけするかは自分次第なのです。どんなに苦い経験や不利な状況でも過去に向き合い、できなかったことを後悔するのではなく、なぜできなかったかを振り返り、どうすれば将来にとってプラスとなる出来事、あるいは教訓にできるのかを考えて実践することが大切だと思います。

計画よりもまず実行

このように、過去の出来事の意味づけはどのような未来を描くかによって変化していきます。同様に、ビジネスの進め方においても、従来の常識や固定観念にとらわれず、新しい視点で物事を見直すことが重要です。

計画よりも実行を重視する――この言葉を実感したのは、前職で中国に駐在していた頃に、間近で中国人の仕事ぶりを目にしたときです。日本人の仕事の進め方は、失敗するリスクを極端に嫌うゼロリスクを理想としています。そのため、どのような仕事でも綿密に計画を立てて準備を怠らず実行します。そしてどの段階でも、ささいなことにまでこだわります。日本企業が世界で注目を集めるような、傑出した高品質の製品を数多く生み出せたのは、まさしくこうした計画重視の考え方がベースにあったからです。

一方、中国人のビジネスに対する考え方は180度違います。計画もそこそこに、すぐに実行に着手します。そして自分たちのミスで何か問題が生じても悪びれることなく、解決すればまるで問題などなかったかのように振る舞います。「計画は甘いし、問題が起きても平気な顔をしている。なんていい加減で無責任な人たちだ」と、赴任した当初は毎日ストレスを感じていました。

しかしこうしたやり方のほうが、日本式のやり方よりも合理的な面があることに徐々に気づかされていきました。まず、計画づくりに時間をかけないため、とにかく実行するのが早いです。細かな計画を立てていては、不測の事態が生じたときの軌道修正がなかなかできませんが、粗い計画だと実行後に大幅な変更などが起こっても、臨機応変に吸収して、変更を反映することができます。さまざまな事象がスパゲッティのように複雑に絡み合い、予測しなかった事態が次々に起きる今の時代には、計画の完成度を重視するやり方よりも、簡易な計画を基にすぐに実行して検証するほうが、結果として改善が迅速に行われ、目標としていたゴールに早く到達することができます。

演繹《えんえき》法より帰納法を推奨する

計画よりも実行を重視するという考え方に近い概念に、帰納法という論理的推論法があります。この帰納法について話す前に、この推論法の対になっている演繹法から説明すると、その有用性がよく理解できます。

演繹法とは、一般的な原理原則から、目の前に起きている個別具体的な事項や事象を導き出すやり方です。この考え方は、変化のスピードが現代ほどではなかった少し前の時代では、有効に活用できました。しかし現代では、その前提自体が変わってきてしまいます。すると、演繹的に物事を進めてしまうと、ベースとなる原理原則が有効ではなくなるため、物事を推察・推論していくことが非常に難しくなります。

一方の帰納法は、演繹法とは反対のアプローチで類推していく方法です。こちらは今起きている個別の事象や事柄から共通点を見いだし、一般的な原理原則を導き出していく考え方です。帰納法の場合は、起きている事象や事柄の変化に合わせて推論を組み直していくことで、過去に導き出した原理原則を変えることもあります。推論法としての論理性・一貫性に欠ける印象を持つ人もいますが、私はむしろ変化の激しい時代に合った考え方だと受け止めています。

実行せずに利益を逃すのもリスク

中国人が日本人に比べて実行を重視するというエピソードの背景には、「リスク」に対する考え方の違いが大いに影響しています。ここからは、プロジェクトマネジメントにとって重要な要素であるリスクとの向き合い方について解説していきます。

新たなことに挑戦することは、失敗するリスクも伴いますが、新たな利益や価値を得ることでもあります。したがって、挑戦しなかったばかりに利益を逃すというリスク（機会損失）もあるわけです。

もちろん挑戦しても失敗して利益が得られない可能性が大きければ、慎重に判断して行動しなければなりません。しかし失敗しても「この程度の損害（リスク）だったら許容できる」と考えるなら、大きな利益を積極的に取りにいくという選択もあるのです。

一般的には無謀に見えますが、成功できる機会を逃して利益を獲得できないことをリスクと考えれば、合理的なやり方だと考えることもできます。

例えば、リスクを気にしすぎるあまり、新たな技術やシステムを導入できずに競合他社に製品・サービスで後れを取ってしまう企業もよく聞きます。目の前の現象や確実なプロジェクトの完了を追い求めているだけでは、新たな利益や価値を得る発想にはたどり着きません。チャレンジによる新たな利益を生み出すには、ここでも将来の目的やゴールから逆算して取り組むバックキャスト思考が有用です。その際、挑戦すべきことを洗い出し、利益とリスクを天秤《てんびん》にかけて、しっかり検討することを忘れてはなりませんが、プロジェクトマネージャーが常にゼロリスクにこだわっていては、そこに成長は生まれません。ここぞというときは、積極的にリスクを取ってアクションに変えていくことも必要です。ただし起こり得るリスクに対して事前に発生の可能性を分析し、万が一のための対応策や軽減策を検討しておくことも視野に入れておかなければなりません。

リスクを受け入れて前に進むときには、プロジェクトメンバーに対するケアも重要になります。意思決定はプロジェクトマネージャーなどが行いますが、その指示に従ってそれぞれの業務を行うメンバーたちも新たなチャレンジをしていくことになるため、通常の場合と比べると失敗する確率も高くなります。事前に「リスクがあるのだから失敗するのは当たり前。それを気にせず、チャレンジしていこう」とポジティブな言葉をかけて、心理的にも安心できる環境をつくることが大切です。「失敗は許されない」という風潮になってしまうと、メンバーは萎縮して普段なら出せるはずの実力すら出し切れないこともあります。また、チームとして失敗のリスクを恐れず新たな挑戦ができるように、プロジェクトマネージャー自らが率先してやることも必要です。

リスクを可視化し合理的に対応する

リスクがないところにリターンはない――投資と同じ考えで、リスクを積極的に取らないと大きな利益は得られません。仮にリスクがまったくないにもかかわらずリターン（利益）を得られるのであれば、競合他社も含めてあっという間にみんながそのやり方を選ぶことになります。プロジェクトマネージャーとしてリスクをある程度許容することはリスクマネジメントにおける一つの前提にもなります。

しかし、すべてのリスクを許容しなければならないとなると、膨大な労力とコストがかかってしまいます。そうならないようにするために、どのようなリスクを許容するのかを分析して、リスクに対する優先度を評価します。これはＰＭＢＯＫのなかにもある考え方で、一般的なプロジェクトマネジメントを行う際にもよく用いられます。

次ページの図のように横軸に「リスクの影響度」、縦軸に「リスクの発生確率」をおいて、その掛け合わせでリスクをスコア化します。具体的には、リスクの発生確率と影響度を掛

リスクの分析・評価

特定されたリスクに対する優先度を評価するために、リスクの発生確率と影響度を掛け合わせてリスクをスコア化する。その結果、リスクは3等級（高・中・低）程度に分類することが多い。

リスク・マトリクス

リスクの発生確率	1 極低	2 低	3 中	4 高	5 極高
5：極高	5	10	15	20	25
4：高	4	8	12	16	20
3：中	3	6	9	12	15
2：低	2	4	6	8	10
1：極低	1	2	3	4	5

リスクの影響度

リスク等級

高	リスクスコア13ポイント以上
中	リスクスコア5ポイント以上
低	リスクスコア4ポイント以下

リスクスコアの閾値は、リスクマネジメント計画の作成段階で定義する

け合わせて点数化し、その点数によってリスク等級を高・中・低の3つに分類します。ここでは、リスクスコアが4ポイント以下は「低」、5ポイント以上は「中」、13ポイント以上は「高」とします。

次に実施するのは、リスクへの対処法を決めることです。全部で5つの方法があり、さきほどのリスク等級の高低によって、その対処法が異なってきます。

「回避」とは、事前にリスクの原因を取り除く対策を講じ、リスクを発生させないようにすることです。例えば「スキルがアンマッチなメンバーがいれば、事前に交代させる」「外的変化により、構想していた新規事業を撤退する」などが該当します。

「転嫁」とは、リスクによる影響を第三者へ移転する方法です。「損害保険をかける」「ベンダー契約を見直して自らの責任範囲を限定する」などがあります。この対策では、リスクを完全に取り除いたわけではないため、転嫁のためのコストが必ず発生してしまいます。

「軽減」とは、リスクの発生確率を下げる、もしくはすでに顕在化している影響度を小さくすること、またはそれら両方の対策を行う方法です。「品質リスクに対してテストを強化する」「作業が遅延するリスクがあれば人員を増やす」などの対策があります。この場合も、リスクを低減する代わりにコストが増加する可能性があります。

「受容」とは、リスクを受け入れ、プロジェクトの計画を変更しない方法です。これについては2通りの対処法があります。1つ目は、このリスクへの対処法を事前に考えておき、発生した場合にそれを実行するやり方です。2つ目は、リスクを認識するにとどめ、事前に対処法を作成せずに、起きた場合に考えて対応する方法です。前者を「能動的受容」、後者を「受動的受容」といいます。後者は、リスクの発生確率または影響度が低い場合に選択されます。発生するかどうかも分からない、たとえ発生しても損害が少ないことに対し、最初から対策をあれこれ考えているほうが時間や労力の無駄であるという考え方です。

等級が「高い」リスクから「回避」→「転嫁」→「軽減」→「受容」の対応を行い、プロジェクトへの影響度を最小化していきます。

リスクの対応方法の定義

想定される各リスクに対し、以下に挙げる4通りの方法を利用してプロジェクトへの影響を最小化する。リスクの影響が大きく、プロジェクトマネージャーの権限を超える対応が必要な場合、上位層へのエスカレーションを行う。

リスク等級 高 ↓ リスク等級 低

回避 Avoid	● 特定したリスクを、完全になくす方法。 ● プロジェクトスコープを縮小する、メンバーを交代するなど、リスクの原因そのものを取り除くことでリスク回避する。
転嫁 Transfer	● リスクを第三者へ移転する方法。 ● 損害保険をかける、ベンダー契約を見直して責任所在を移転するなど。回避と異なり、リスクを完全に取り除いたわけではなく、転嫁のためのコストが発生する。
軽減 Mitigate	● リスクの発生確率または影響度を減少させる方法。 ● 品質リスクに対しテストを強化する、作業遅延リスクに対し要員を増強するなど。リスク低減の代わりに、コスト増加の可能性も発生し得る。
受容 Accept	● リスクの発生を見込み、発生に備えたコンティンジェンシープランを作成する方法（能動的受容）。 ● さらに、リスクの発生確率または影響度が低い場合、リスクを認識するにとどめ、事前の措置を行わない（受動的受容）。
エスカレーション	● 上述のいずれかでの対応が困難である場合、上位層へエスカレーションを行う。

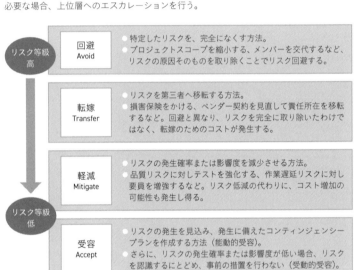

これらの4つの対処法で吸収できるリスクを超えた場合には、現場の権限では対処できないため、「エスカレーション」と呼ぶ組織の上層部に判断を仰いだり業務を委ねるなどの対応が必要になります。

このように、リスクの大きさごとに対処方法を定めておけば、問題が発生しても即座にかつ合理的に対応できます。

また、このようにリスク評価をロジカルに数値や基準で判断していくようにすれば、リスクが発生したときにズルズルと対処について先延ばしすることもありません。リスクは放置すればするほど、影響が大きくなり、取り返しがつかないことになってしまいます。投資でいえば損切りできない状態です。やはり基準がないと、ほとんどの場合「あともう少し頑張れば、回復できるのでは」という希望的観測にとらわれてしまいます。例えば「今月で予定のスケジュールに達していなければ、人数を増やす」という対処をあらかじめ具体的に決めておけば、そうなった時点でこのリスクは顕在化したとみなして、手を打つことができます。そうすれば、無駄にリスク対処で悩むことはありません。本来リスクマネジメントというのは、人間の主観が入り込む余地はないのです。それはしっかりとしたリスクマネジメントの仕組みがないと、人間の主観や感情がいちばん入りやすい領域でもあることの裏返しです。影響度の大きいリスクに対して「これは大したことない」と目をつぶってしまったり、反対にささいなリスクを大ごとにして騒ぎ立てたりと、認識のギャップが生まれやすいのです。

最悪の場合、プロジェクトをストップするという判断をすべき事態が生じることもあります。しかし、これまで投下してきた費用が回収できなくなることを嫌い、またプロジェクトマネージャーとして失敗を認めたくないというプライドも邪魔をして決断できないこともあります。こうした認知や感情のバイアスの影響を受けないためにも、あらかじめ決められた基準でリスクを管理することで、誤った判断を排除することができます。

大局と細部を自在に切り替える

プロジェクトマネジメントに取り組んでいる際は、いくつもの視点・視座を持つことが重要です。

私がプロジェクトマネージャーとして常に行っている視座の切り替えは、たとえるならばカーナビのようなイメージです。カーナビで東京から大阪を目指す場合、最初に東名高速道路を通るか、中央道を通るかそのときの渋滞状況を考慮してルートを設定してくれます。その際、一度ルート全体を見て、大まかな道順を把握します。その後は、詳細なルート表示に切り替えて、道を間違えないように何番目の信号で左折または右折するのかを把握したり、高速道路の入り口にたどり着くまでの道のりや時間などを確かめたりします。このように道順や道路の渋滞状況など知りたい情報に応じて、ズームアウト、ズームインを繰り返します。

これは、プロジェクトマネージャーがプロジェクトの状況を把握する際に行うべき作業にも共通しています。日常業務をチェックしているときは、解像度を上げて詳細状況をモニタリングします。そこで問題が生じれば、対策を講じながら一度プロジェクト全体を俯瞰して、ほかの進行に影響がないかどうかを確認します。いつも近視眼的に目の前の業務を見ているだけでは、すぐにプロジェクト全体が見えなくなってしまうからです。

プロジェクトは複数の作業工程を同時に進めることが多いですが、遅れると全体の進行に影響を与える重要な工程があります。それを私たちは「クリティカル・パス」と呼んでいます。例えば並行した2つのタスクに取り組んでいるとします。両方とも作業期間は1週間ですが、Aのタスクは1週間遅れたり、途中でトラブルがあったりしても、後続の作業に影響がないため、もう少し時間の余裕を持つことができます。しかしBのタスクは、これが終わらないと次のCのタスクに着手できないため、どんどん後工程に対して影響を与えてしまいます。この後者のBが「クリティカル・パス」といわれる重要な作業工程に該当し、遅れやトラブルが発生した場合には新たなリソース（人材）を追加してでも挽回《ばんかい》する必要があります。

プロジェクトマネージャーはクリティカル・パスを常にチェックして、個人のタスクが全体にどのような影響を及ぼしているのかを慎重に把握しながら、プロジェクトを管理しなければなりません。そのために、場合に応じて視座を切り替えることが求められます。

すべてのスケジュールを同期する

プロジェクトのスケジュール表は、いろいろな立場の関係者（ステークホルダー）と共有します。システム開発に関わるベンダーはもちろん、プロジェクトオーナーやクライアント側の担当者に至るまでさまざまです。例えば、実施期間が3年間のプロジェクトがあるとします。プロジェクトオーナーにとっては、週次のスケジュール表では細かすぎるため、3年間の全体スケジュールを見て、今プロジェクトがどのくらいの進捗過程にあるのかを確認します。一方、システムを受託開発しているベンダーやクライアントの担当者は、日々どんなタスクが残っていて、完了するまでにどのくらいの日数があるのかを知りたいので、週次や日次のスケジュールが必要になります。

このように、プロジェクトを進行する場合には、いくつものスケジュール表を作成します。具体的には、プロジェクト全体を俯瞰できるマスタースケジュールがあって、そのほかに年間のスケジュール、さらに細かい週次のスケジュール、日次スケジュールがあります。

多くのスケジュール表が作成されますが、これらすべてのスケジュール表の整合性がとれるように、本来1つにつながっていなければなりません。しかし、プロジェクトによっては別々に作ることが往々にしてあります。もし、それぞれのスケジュール表を作成している担当者が異なり、例えば計画変更時になんらかのミスが生じて担当者間で調整されなければ、プロジェクトのメンバー間で正しい計画を共有できなくなる恐れがあります。そして、この状態のままプロジェクトを進行していると、間違いなくミスやトラブルにつながります。

プロジェクト管理に特化した専用ツールを使って、マスタースケジュールからドリルダウンして、週次・日次のスケジュールまで一元管理できるのが理想的ですが、現実は容易ではありません。プロジェクトオーナー向けにはプレゼン資料作成ソフトのPowerPointを用いて全体スケジュールを作成し、現場作業の詳細スケジュールは別のツールで管理するということはよくあります。そこでプロジェクトマネージャーは、プロジェクトのなかに存在するスケジュール表をすべて把握し、途中で変更が生じた場合に誰がどういうタイミングでどのスケジュール表を修正するのかといった厳格なルールを定義しなければなりません。そして、そのルールがきちんと運用されているか常にモニタリングする必要があります。そうすれば、スケジュール表によって情報が異なるというミスは起きないため、トラブル防止につながります。

もう一つ、スケジュール管理上で押さえるべきポイントがあります。スケジュールを変更する程度に応じて、誰が変更を承認するのかというルールを明確にしておくことです。プロジェクトオーナーがすべての状況を掌握したい場合、いかなる変更もプロジェクトオーナーの承認が必要であると決めることは簡単です。しかしこれでは、現場で発生したささいな問題に対して迅速な対応ができません。そこでスケジュール変更は、設計フェーズの期間内であれば現場リーダーの裁量に任せ、その期間を超えたら、必ずプロジェクトオーナーに承認をもらうようにします。プロジェクトマネージャーは、この場合においてもプロジェクト全体のスケジュールの整合性を保つためのマネジメントの要となるのです。

作業期間を適切に設定する

現代は「マイクロマネジメントをしましょう」「リアルタイムで緻密に物事を見ていき

ましょう」という管理方法が増えてきていますが、タスクの数が膨大になり、マネジメントを必要以上に煩雑にするという弊害があります。それだけではなく、人はあまりにも短い時間間隔での変化には気づきにくいという特徴があるため、マイクロマネジメントではかえって重大な兆候を見逃すという危険性もあります。したがって脳神経学の見地からすると、変化を認知するには、ある程度の期間（閾値《いきち》）を設ける必要があります。

では、時間を長く取るとどうなるのかというと、例えば、1～2カ月ごとにチェックするとします。今度は、それだと時間が経過しすぎるため、変化に気づいたときには、もうすでに手遅れになることもあります。つまり、どういう時間軸で物事をチェックしていくのか、最適な区切りをおくことが大事になってきます。

例えば2カ月かかるタスクの場合、2カ月後に進捗を確認するとなると、その間何もせずに待つことになり、それでは長すぎます。もし2カ月後になって、タスクが半分も終わっていなかったときには、そこから挽回するのは難しく、後工程にも悪影響を及ぼします。かといって、毎日確認するのでは変化が把握できません。この2つのデメリットを解消するために、短すぎず、長すぎない作業期間を決めて、タスクを分割するようにしています。私は、その目安を2週間程度においています。長いタスクであっても2週間ごとにどのような作業を行うのか、具体的な作業内容や中間ゴールを設定して取りかかってもらいます。

こうした取り決めを設けて、プロジェクトの実態を可視化できるようにし、スケジュール遅れなどのリスクを軽減していきます。これもプロジェクトマネージャーのスケジュール管理の一つのテクニックです。

密結合と疎結合を応用する

プログラミング用語に「密結合」と「疎結合」という言葉があります。「密結合」とは、2つの要素間の結びつきが強い構造のことで、それぞれが双方に影響を及ぼしやすい状態のことをいいます。一方「疎結合」は、要素間での関連性や影響度が弱く、それぞれの独立性が高い構造のことをいいます。「密結合」と「疎結合」はそれぞれ一長一短があるため、それぞれの特徴を理解したうえで、システムの設計やプログラミングに活用されています。こうした考えはプロジェクトの組織づくりやチーム編成にも応用できると思っています。

例えば、それぞれ異なる業務を行っていても、チーム間の関係が「密結合」していると、片方のチームで生じた業務の変更が、もう一つのチームの業務にも影響を与えることになります。異なるチームであるはずなのに、独立して動くことができず、2つのチームは、常に一緒に会議や作業を行わなければならないことになります。

逆に、チーム間の関係が「疎結合」であれば、完全に独立したチームとして取り組めるので、それぞれでの作業が進めやすいというメリットがあります。しかし、それぞれで業務が完結するために、お互い作業や機能が重複するという問題が発生しやすくなります。システム開発でいえば、本来、システム全体で1つあればいい機能を共有していないために、それぞれのチームで開発してしまい、労力もコストも余分にかかってしまうわけです。

チーム間での「密結合」と「疎結合」は、最初から決まっていたというよりもプロジェクトが進んでいくなかで、徐々に関係性が形成されていくことがほとんどです。したがってプロジェクトマネージャーはそれを把握したときに、臨機応変に「チームを統合する」「情報共有の機会をつくる」などの打ち手を考えて実行し、プロジェクトでの組織の最適化を目指していく必要があります。

教科書（PMBOK）を鵜呑《うの》みにしない

プロジェクトが大規模になってくると、ステアリングコミッティー（大規模なプロジェクトで、全体の利害調整や最終的な意思決定を行う組織のこと）、プロジェクトオーナー、プロジェクトマネージャー、プロジェクトリーダーというようにプロジェクト体制が階層化されていきます。階層が深くなっていけば、それぞれのポジションが権限を持つために、何か物事を決める際にも時間を要してしまい、情報伝達も遅くなってしまいます。教科書では、組織全体の整合性やガバナンスを考えればこのような組織構造が模範とされつつも、より情報伝達・共有スピードや柔軟な対応が求められる場合には「今回の組織においてはフラットにしましょう」といった工夫も大事になってきます。

プロジェクトをスタートさせる際には、それぞれのポジションの役割を定義する責任分担表（ＲＡＣＩチャート：Responsible 実行責任者／Accountable 説明責任者／Consulted 相談対応者／Informed 報告先）を作成することがＰＭＢＯＫで推奨されています。これは、プロジェクトの方針を決めるうえでも、プロジェクトに関わるステークホルダーが共通認識を持つうえでも本来必要な資料です。会議体や、ファシリテーターの設定にも活かせます。しかし、実務においては定例会議の運営の仕方や、その会議に参加している人たちの考えや発言のほうが優先されます。ですから、ＲＡＣＩチャートを引っ張り出してきて、会議体やファシリテーターを決めるよりも、現場でのそれぞれの部門やメンバー間の関係性で決めていくほうが実践的な場合もあります。

例えば、オーナー企業の場合だとＲＡＣＩチャートでそれぞれに役割を振り分けても、最後はすべてのことを経営者自身が決めることがほとんどです。オーナー自身がそうしたいと思っていることもあれば、周りの社員自身に「自分たちで決める」という意識がなかったりもします。そうなれば、RACIチャートで役割や責任を決めたところで形骸化するだけです。会社のカルチャーや指揮命令系統によって役割は変わってきてしまいます。プロジェクトを円滑に進めるためには、教科書的な考え方に固執せずに、現場の状況に合わせて、対応していくことをプロジェクトマネージャーは優先すべきです。そのためには、いくつものプロジェクトを経験して、プロジェクトマネージャーとしての勘どころを押さえていくことが大事になってきます。

異なる視点から真の利害関係をつかむ

プロジェクトは一般的に階層構造になっています。担当者がいて、その上にはチームリーダー、プロジェクトマネージャー、さらにプロジェクトオーナーがいます。それぞれのポジションによって見ているところが異なるので、プロジェクト全体をまとめるプロジェクトマネージャーは、それぞれの人の立場で見たら、どういう状態なのかを意識して視点を切り替えることが重要になってきます。チームや組織内での縦のつながり、横のつながりをしっかりと意識することです。

例えば、クライアントとベンダーは委託者と受託者という立場になるため、同じプロジェクトのなかでも見ている光景は180度異なります。クライアントも会社のなかでは一般社員、管理職、社長などポジションや役割によって見ている光景は異なりますし、部署で考えれば営業部と経理部でもまったく違ってきます。そのため意思決定の基準も、それぞれの役職やポジションによってさまざまです。

プロジェクトとして、それらステークホルダー全員の要望を叶えることは難しいですが、それぞれの立場や利害関係に配慮したうえで、プロジェクトを進めていこうと意識するだけでも、スピードや円滑さ、トラブルの数などは違ってきます。

基本的には、第一に決裁権を持つプロジェクトオーナーの要望を優先しますが、ある局面においては、管理職や一般社員の要望も反映できるようにオーナーへ働きかけることもあります。また部署間の要望に対しても、第3章で紹介したコンフリクトマネジメントの秘訣を活用して、事前に各事業部間の優先項目をヒアリングし、一つの部署だけが得や損をしないように工夫して対応します。これはシステム開発を受託しているベンダー側に対しても、同じように配慮して接するようにします。

各ステークホルダーがプロジェクトにどのように関わり、どのように見ているのかを、それぞれの立場や役割から正しく理解するために、個別にヒアリングをしたり、コミュニケーションの回数を多く設けたりします。その結果、隠れていた人間関係や個々の発信力・影響力なども見えてきます。例えば決裁権を持つ若手のプロジェクトオーナーが最も影響力があると思っていたら、社歴の長い古株の管理職の発言がプロジェクトを大きく左右していることが分かってくるなどです。こうしたクライアント側の内情もつかめてくると、交渉において誰をキーマンとして押さえ、どのようにアプローチすべきかということも変わってきます。

一方、クライアント側と開発側の立場の違いからくる認識ギャップも多数あります。例えば、開発側のベンダーを見たときに、プロジェクトオーナーとはトラブルに対するとらえ方や解決策などが違っていることに気がつきます。開発スタッフにとっては、目の前の仕事がすべてなので、そこにバグが発生すれば解決するために徹夜してでもなんとかやろうと取り組みます。しかしプロジェクトオーナーの立場から見れば、開発スタッフがやっていることがプロジェクトを進めるうえで必ずしも最優先ではないこともあり、「それは諦めて、次のタスクに時間を使ってほしい」と思っていることもあります。プロジェクトマネージャーは、常にいろいろな立場や視点から物事を見るように努め、部分最適ではなく、全体最適を考えた施策やアドバイスを積極的に行っていくことが大切です。

本書で紹介している哲学・思想のコンセプト

第4章

●バックキャスト思考（ジョン・B・ロビンソン）
未来から逆算して道のりを描く

●演繹法（アリストテレス）
一般原理や法則から個別の結論を導く

●帰納法（フランシス・ベーコン）
個別の事例から一般原理や法則を導く

第5章

ビジネス環境の変化を敏感に察知し
柔軟に計画を変更する
変化をチャンスに変える「対応力」

柔軟でアグレッシブな行動力、そのためのマルチタスクのすすめ

前章においてプランニングのためのさまざまな哲学やノウハウを紹介しましたが、プロジェクトを取り巻くビジネス環境は常に変化しており、残念ながらスタート時点で策定した計画を変更する必要がないプロジェクトはほとんどありません。プロジェクトマネージャーには、変化やリスクを恐れず、むしろ前向きに受け入れ、さらには楽しみ、いかにチャンスに変えていくかという資質が求められています。私はこの資質を身につけるのに必要なのが、柔軟でアグレッシブな行動力であると考えており、そのためのマルチタスクという働き方を強く推奨します。この章では、マルチタスクを実践するための秘訣に加え、変化やリスクに柔軟かつ積極的に向き合っていくための哲学を解説していきます。

マルチタスクで成果を最大化する

プロジェクトマネージャーは、マルチタスクができるかどうかが、マネジメントの質を高めるうえで非常に重要になってきます。一般的にマルチタスクといえば、一度に複数の

タスクを掛け持ち、あるいは同時にこなすことです。しかし、私が考えるマルチタスクは少し意味が異なります。タスク自体を同時に複数行うのではなく、プロジェクトを複数同時に担当することを指しています。

マルチタスクを推奨するのには、次に挙げる6つの利点があるからです。

1つ目は、複数のプロジェクトを並行することで、短期間で多くのアウトプットを出せる「効率性の高さ」があることです。1つのプロジェクトしか担当できないマネージャーだと、アウトプットの絶対量はなかなか増えません。

2つ目は、常に比較対象となる別プロジェクトがあることで、客観的に判断することができる点です。物事は比較の対象があって初めて良し悪しが評価できます。プロジェクトマネジメントにおいて何か問題が発生した場合、同時に取り組んでいるほかのプロジェクトと比較しながら、解決策などの選択や意思決定に役立たせています。それによって偏った見方で判断しミスを起こすリスクも軽減できます。

3つ目は、プロジェクト間の相互で気づきや知見を得られ、試せることです。プロジェクトAでチャレンジした施策がうまくいけば、そのままプロジェクトBに転用することができます。さらに、Bで得た気づきを基に仮説を立案してプロジェクトCで試してみることもできます。こうした正のサイクルをつくり出せると、より自分自身の引き出しを増やすることにもつながります。それによって、それぞれのプロジェクトマネジメントにおける相乗効果も期待できます。

現在、私は常に一人で複数のプロジェクトを同時に担当しています。そのなかで、先行しているシステム開発プロジェクトにおいて、すでに取り組んできた課題整理や企画書が、これからスタートする別のプロジェクトで同じフレームワークやテンプレートとして使えることがあります。例えば現在、現状把握のために現場の各部門にヒアリングをして、今の問題点や課題を整理しようとしているプロジェクトが2つあります。1つのプロジェクトは2カ月前にヒアリングした結果を整理して、クライアントにアドバイスしたところでした。もう1つのプロジェクトは、先に取り組んだプロジェクトとほぼ同じことを依頼されたので、1つ目のプロジェクトで実行した取り組み方法をそのまま応用することができました。このようにマルチタスクを行えば、ノウハウが共有できるだけでなく作業効率もぐんと高まります。

4つ目は、プロジェクトマネジメントという職業が元来マルチタスクに向いていることです。その理由は、プロジェクトマネジメントに求められるＱＣＤ（Quality：品質、Cost：予算、Delivery：納期）の管理が、極めて汎用的なスキルセットだからです。つまりプロジェクトの中身が変わっても、求められることは常に共通します。これらの要素を押さえたマネジメントができれば、どのようなプロジェクトであっても成果を出すことができるのです。プロジェクトを掛け持ちしても、求められる成果が同じなので、プロジェクトマネージャーとしてのスキルやノウハウがいつでも応用できるわけです。

5つ目は、複数のプロジェクトを並行して持つことで、1つのプロジェクトが停滞した場合にそこから意識的に離れることができる点です。そうすることで、新たな施策やアイデアが生み出せる場合があります。西洋の諺《ことわざ》にある「見つめる鍋は煮えない」という考え方です。ある1つのことのみに没頭してそればかりを考え続けるというのは、専門性を極めるうえで大事なようで、実はかえって弊害になってしまうという比喩です。

つまり、人間は目の前のことに四六時中没頭してしまっていては、思考やアイデアを昇華・発展させることがなかなかできないということです。まるで、鍋が煮えることを待ちきれなくて、何度も鍋の蓋を開けてしまって、いっこうに煮えないのと同じです。十分に煮立てるには、鍋をしばらくそのままにしておく時間が必要です。

これは、学者の外山滋比古氏も著書『思考の整理学』(ちくま文庫)で同じように述べています。プロジェクトも、前のめりで目の前のことにばかり没頭していては、かえって全体像を見失ったり、本質的な部分が見えなくなったりしてしまいます。複数のプロジェクトを掛け持ちしていれば、おのおののプロジェクトと適度に距離をおくことでむしろプロジェクト全体を俯瞰して、最良の選択・判断を下すことにもつながるのです。

最後に6つ目は、当たり前ですがより多くのプロジェクトマネジメントを経験したほうが、プロジェクトマネージャーにとっての成長につながるためです。1年間で4件、5件と多くのプロジェクトを回したほうが幅広い経験ができ、やればやっただけ「引き出し」も増やすことができますし、成長カーブを加速させることができるのです。

マルチタスクの弊害

コンピュータ用語にも「マルチタスク処理」というのがあります。1つのCPU（中央演算処理装置／演算やデータ処理を行う装置のこと）しかないコンピュータでは、従来だと1つのタスク処理しかできません。マルチタスクはCPUの処理時間を短く区切り、タスクごとに交互で高速に処理していくことです。実際には一つひとつのタスク処理をつなぎ合わせているだけでも、ユーザーから見ると複数のタスク（アプリケーション）を同時にこなしているように見えます。人間（の脳）も、このコンピュータと同じ原理です。プロジェクトを兼務するといっても、当然2つのプロジェクトを同時に作業することはできません。したがって、一日の時間を短く区切り、脳の切り替えを交互に行いながら、複数

マルチタスクのすすめ

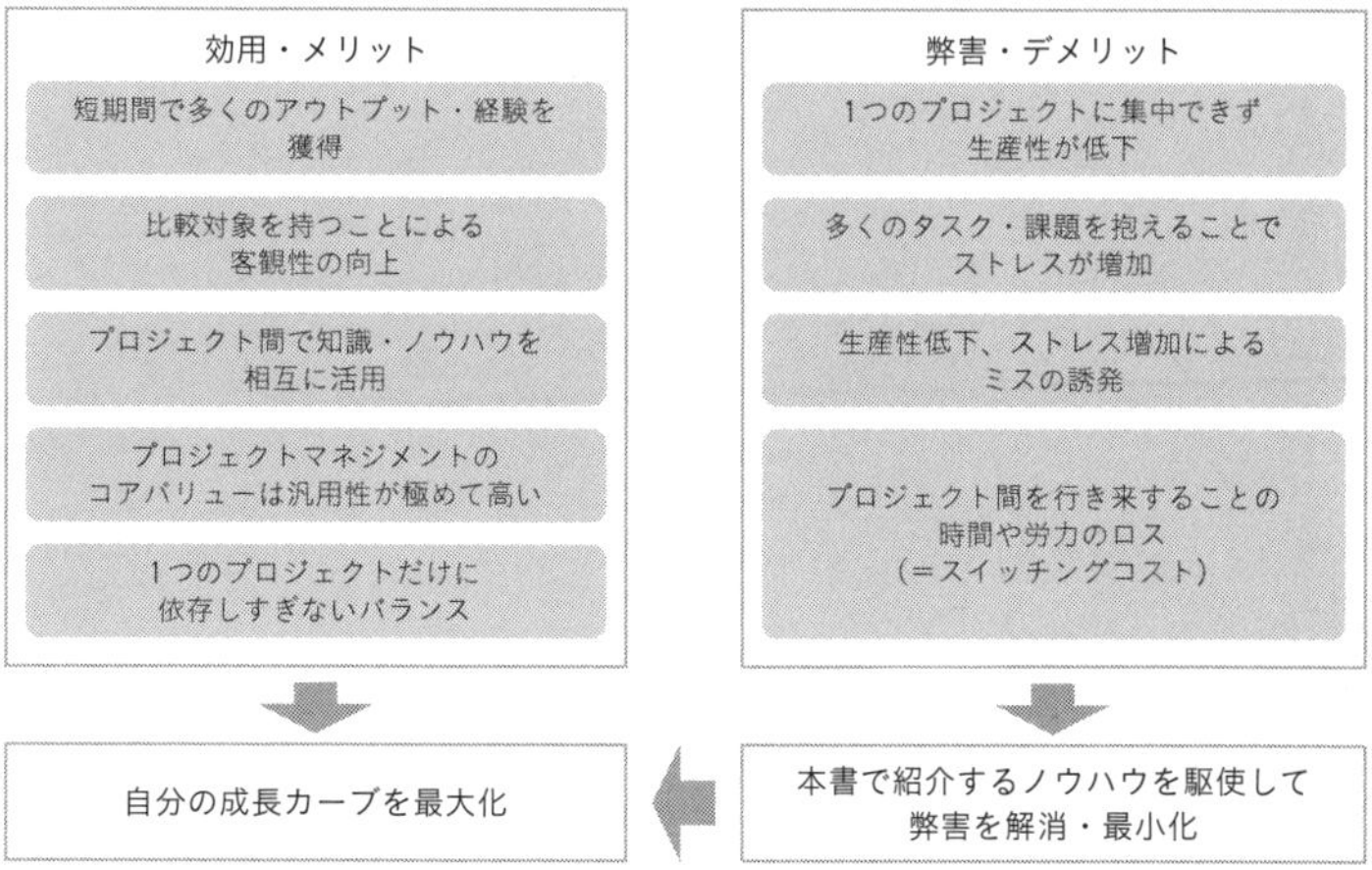
効用・メリット
短期間で多くのアウトプット・経験を獲得
比較対象を持つことによる客観性の向上
プロジェクト間で知識・ノウハウを相互に活用
プロジェクトマネジメントのコアバリューは汎用性が極めて高い
1つのプロジェクトだけに依存しすぎないバランス
弊害・デメリット
1つのプロジェクトに集中できず生産性が低下
多くのタスク・課題を抱えることでストレスが増加
生産性低下、ストレス増加によるミスの誘発
プロジェクト間を行き来することの時間や労力のロス（＝スイッチングコスト）
本書で紹介するノウハウを駆使して弊害を解消・最小化
自分の成長カーブを最大化

のプロジェクト作業を進めています。

しかしマルチタスクにも弊害はあり、一般的にいくつかの問題点も指摘されています。1つ目は、集中できないことです。複数のプロジェクトを掛け持ちするため、1つのプロジェクトに専念できず、全体的なパフォーマンスが落ちてしまう懸念があります。

2つ目は、プロジェクトマネージャーのストレスが増加しやすくなることです。複数のプロジェクトを掛け持ちすると、それぞれでトラブルなどの問題が発生したときに、それぞれへの対策を考えて、どちらかを優先することなく迅速に実行しなければなりません。そのため問題が同時に発生した場合には精神的なストレスにつながります。

3つ目は、ストレスの増加と比例して、ミスが増えることです。ストレスが増大し集中力が続かなくなると、普段なら注意して対処できたことができなくなる恐れがあります。それによってミスが増えてしまいます。

4つ目は、時間や労力のロスが増えやすいことです。これまでやっていたプロジェクト（タスク）から、別のプロジェクトへ移る際、頭の中が切り替えられず、新たなプロジェクトに取りかかる時間が遅くなってしまいます。この現象を「スイッチングコスト」といいます。このコストが大きくなると、かえって労力や時間の無駄が発生してしまいます。

このような弊害があるものの、私はやはりマルチタスクな働き方は、プロジェクトマネージャーにとってデメリットよりもメリットのほうがはるかに大きいと考えています。

会議をできる限り定例化する

マルチタスクを安定させるには、会議のスケジュール調整が鍵を握ります。これがうまくできなければ、それだけでマルチタスクが破綻してしまいます。コツはプロジェクトが決まった順番に会議を定例化していくことです。会議が終わるたびに、次回の会議日時を調整していたら、ほかのプロジェクト会議の合間を縫って確定しなければならず、なかなか決められません。週次で行うはずだった会議が、ほかのステークホルダーとのスケジュールが調整できずに、2～3週間後になってしまうと、それだけで作業遅延やストレスを引き起こします。面倒に思うタスクこそ、早めに予定を組んでいくのが、ストレスを軽減しながらマルチタスクを行う方法です。複数のプロジェクトの定例会議が1週間のうちにうまく組めれば、それだけでパズルのピースを組むようでうれしくなってきます。

トラブル対応と感情は切り離す

何かトラブルが発生したときに、必ず客観的にとらえて判断することも重要です。プロジェクトマネジメントでは、何かしらのトラブルが必ず起こります。それに対して、感情的になって反応してしまうと、その後にまで尾を引いて、悩みの種になり、自身に対して多大なストレスになってしまいます。感情に任せて、激昂《げきこう》してしまうのも良くありませんし、不安になって心配することも同様です。

実際にトラブルが起きたときに、解決への対策を考えることと、トラブルが起きたことに対しての反省や心配といった感情は切り離して考えるべきです。トラブルが起きたときには、いち早く収束させるために、トラブルの状況、原因の特定、影響範囲に関する情報を収集して、対策を手際よく講じていく必要があります。これらのことは、冷静でなければ判断できません。プロジェクトマネージャーが一人でできることは限られているため、必要に応じてメンバーたちと協力連携を取って進めていくことになりますが、マネージャー自身が動揺して冷静さを失っていてはメンバーも混乱してしまいます。トラブルなどの緊急事態だからこそ、常に安定した精神状態でいることがマルチタスクをこなしていくために重要です。

無駄な記憶は積極的に忘れる

脳はコンピュータと同じで、記憶や思考（演算処理）の容量が限られています。情報を詰め込んでしまい記憶に負荷をかけすぎると、演算処理（考える能力）が低下します。これを防ぐためには、不要と思われる情報や知識は、どんどん捨てて忘れてしまうことです。特にネガティブな情報を抱えていると、精神的にも重荷となりつらくなってくるだけです。

私は仕事上忘れてならないスケジュールや大事な情報は、頭だけに持っておかずに外部に記憶させていきます。大事な情報はメモ機能を活用し、会議日時や納品日といった情報はスケジュール表にどんどん書き込んでいき、さらに事前準備が必要な会議については前日や数時間前にアラームが鳴るようにセットしておくことで、いったん頭の中から完全に消去することができます。いざというときに、脳のパフォーマンスをフル活用できるように、日頃から記憶の容量の空きを増やしておけるように工夫することが大切です。

連絡は「即レス」が基本

マルチタスクにおいては、一つのプロジェクトに四六時中関わっているわけではないため、なおさらステークホルダーとの密なコミュニケーションが非常に重要となり、メールやチャットは即レスを心がけています。マルチタスクをこなすプロジェクトマネージャーは、複数のプロジェクトを兼務するため自身のタスク管理も大変だと思いますが、クライアントやそのほかのステークホルダーにとっては、そのプロジェクトのみを担当している人のほうが多いでしょう。ですから、クライアントはなんらかの気になることがあれば、こちらの状況に関係なく即座に連絡を取りたいと考えます。これに対してすぐにレスポンスをせずにいると、相手にとってはストレスになり、それが蓄積されていけば、プロジェクトマネージャーに対してネガティブな印象を持ち、不信感にもつながってしまいます。

クライアントからの連絡への即レスは基本的なビジネスマナーですが内容によっては、

難易度が高く即対応が難しい場合があります。また、内容によっては精神的な負担を感じ、返信をためらうこともあると思います。このような場合は、まずは連絡を受け取ったという事実を相手に伝えるための返信をします。例えば、「メールを受領し、依頼内容について理解しました。あいにく本日は会議が続いているため、改めて明日回答をします」という具合です。最近では、親しい間柄であれば「いいね」などのスタンプを返すという習慣も定着しています。

依頼された内容が実行困難な場合は、相手がクライアントの場合、「お断りします」「できません」とは言いにくいこともあると思います。そのような場合、「なかなか難しい課題なので、しっかり考えてみます。少しお時間をください」「すべて実施するのは難しいと思いますが、どこまでならできるかを考えてみます」というような返答をいったん戻すこともあります。「どうしよう……」となって何日もノーレスのまま時間が過ぎていく事態を回避することになります。

一方、クライアントからの急な依頼に対してもう1つ意識すべきことは、その依頼がプロジェクトの遂行にとって有意義な内容かどうかを見極めるということです。依頼者の個人的な関心から出た依頼や相談であれば、重要度が低いので、反対にこちらから、「この依頼の目的はなんでしょうか?」「明日の重要な会議の準備を優先したいので、来週に回していいでしょうか?」「一から資料を作成する時間はないため、こちらの現行資料で代替できないでしょうか?」と逆に相談を持ち掛ける方法もあります。

いかなる理由であってもクライアントとのコミュニケーションが滞るようではマルチタスクを実行する資格はありません。しかし、脳のキャパシティにしても、時間にしても、私たち一人ひとりが持っているリソースは有限であることも事実です。複数のプロジェクトを掛け持ちするようなマルチタスクな働き方をする場合は、特にこのことを意識する必要があります。

細部にとらわれず、メリハリをつける

大規模プロジェクトを進める場合は、一つひとつの細かいタスクを管理しようとするのではなく、プロジェクトのなかでポイントになるようなマイルストーン(中間目標)を設けて、そこまでに何を完了しておく必要があるか、成果物を明確にして重点チェックすることが有効です。タスクベースで動くのではなく、マイルストーンベースで考えて対応するやり方ですが、この方法もマルチタスクをこなすうえで役立つことが多いと思います。

プロジェクトを複数持つと、自分が日頃から気にかけなければならないスケジュールや

作業項目が多くなります。それら一つひとつに注力していては頭の中がパンクしてしまいます。

例えばプロジェクトが1月にスタートして、要件定義を4月末に終えるというのが分かっていれば、2月までに要件定義の50%が終わっているかを頭に入れて、進行をチェックしていくことに注力し、日々の詳細なタスクの進捗チェックに時間をかけすぎないようにします。重要なマイルストーンを常に頭にたたき込んで、それにフォーカスしてプロジェクトをモニタリングします。

課題管理についても同様です。最重要の課題から最終ゴールに直接影響のないささいな課題まで、さまざまです。極端にいえば、重要度が低い課題に関しては、放置していても問題ありません。もし状況が変わってその課題の重要度が上がってくれば、ステークホルダーの誰かが声を上げるので、そうならない限りはしばらく無視しておくぐらいに割り切って、そのぶん重要課題にフォーカスして取り組むといったメリハリのあるマネジメントを意識するのです。プロジェクトマネージャーにとって与えられた有限の時間とエネルギーを最大限有効に活用するためにも、マネジメントにも緩急をつけて重要なことにフォーカスするイメージが必要だと思っています。

プロジェクトのリズムをつかむ

複数のプロジェクトを掛け持ちしていると、各プロジェクトが持つリズム（サイクル）が分かってきます。プロジェクトマネージャーはそれを把握して、1件1件のプロジェクトが持つリズムに合わせて、自身のタスクや業務を調整し、人を動かしていくことが大切です。

例えば、プロジェクトAでは定例会議が火曜日に集中していたら月曜日は会議に提出する資料作りなどの時間を空けておく、プロジェクトBでは月末の最後の日に大規模な月例会議があるので最終週はできる限り月例会議に向けての準備を行うといったように、それぞれのプロジェクトによって週や月でやるべきことが明確になってきます。

一般的には週単位で見ると、定例会議は月曜日に集中することが多いです。しかし月曜日に会議が集中しすぎてしまい業務に支障がある場合は、一部の会議をほかの曜日にずらして分散させる場合もあります。このように、それぞれのプロジェクトのリズムを相互に邪魔することなく回せるようになれば、複数のプロジェクトを掛け持ちしても、効率的に業務を進められます。

スケジュールをビジュアル化する

私の場合、スケジュールを頭の中で組み立てやすくするために、デスクの前に大きなホワイトボードを置いて、向こう4カ月分のカレンダーを書き、そこに複数のプロジェクトの予定を反映しています。席に座ったときに、それぞれのプロジェクトの重要な会議が○月○日、マイルストーンが△月△日というのが自然に視覚に入るようにして、頭にインプットしています。日常からこうした取り組みを徹底して行っているので、複数のプロジェクトが同時進行していても、重要な日付を間違えることはありません。

4カ月分のスケジュールを一度に見通せると、月ごとに何週間あって、どの程度の時間しか残っていないのか実感として把握できます。頭の中では、1週間の稼働日数は5日間、1カ月は4週間ということをぼんやり理解しており、あと4週間あると思うと、一つのタスクを行うには十分な時間があると考えがちです。しかしクライアントの意見を収集して最終決裁をもらうまでの会議の回数が、実はあと4回しかなく、その間でさまざまなことを決めなければならないと考えると、スケジュールに余裕がないことが分かってきます。

ほかにも、システムの詳細設計の最終決定が今月末の会議だとすれば、そこから逆算して、基本設計をいつまでに提案して、いつまでに決めるのかなど、残りの時間でやるべきことが明確になってきます。

このように全体を可視化したときに初めて、ゴールまでのプロセスを意識するようになります。全体スケジュールは、テキストベースで左脳的にとらえるよりも、ビジュアルとして右脳的にとらえたほうが正しく把握でき、やるべきことが組み立てやすくなります。

自分にストレッチをかける

私は普段自分のキャパシティを少し超えるぐらいの数のプロジェクトを受けるようにしています。自分のキャパシティ以上の数を動かすために、必ずマネジメントにおいていろいろな創意工夫が必要になるからです。不要なタスクをなくしたり、無駄な作業を削減したりするのはもちろん、時には作業工程を大幅に変更して、業務の効率化を行うこともあります。

通常よりもワンサイズ小さいジーンズを履くために、ダイエットするようなイメージです。あのジーンズを着こなしたい。そのためにはあと3kg減量して、理想とする体型を目指さなければなりません。そのためには、自分に危機感を持って追い込むことで、ようやく人は頭を使い努力するのだと思います。

これは、自分の「引き出し」を増やすことにもつながってきます。そして、こうした経験を重ねることで自分の限界を知ることにもなり第2章で紹介した「中庸の徳」という私がプロジェクトマネージャーに必要と考える信条にもつながります。自分の限界値を知らなければ、一歩引いて客観的に物事を見極める「中庸」という感覚は身につけられません。

物事の対極性を意識する

「対極主義」という考え方があります。哲学的な方法論で、対立する2つの見解や立場を通じて真理を探求する考え方です。画家・岡本太郎が提唱した理念でもあり、極端に違う考え方を一つの作品に詰め込み、不調和や緊張感のなかから観た人にその矛盾を考えさせ、新たなアートを生み出そうとしました。

対極関係はあらゆる物事に存在し、この視点を持って課題などと向き合うことで解決の糸口が見いだしやすくなることがあります。プロジェクトにおいても対極的な視点は非常に有用です。例えば、プロジェクトでは物事を決める際にメリット、デメリット（Pros/Cons）を比較します。これも一種の対極的な考えを取り入れています。プロジェクトが成功したかどうかを判別するＱＣＤ（Quality：品質、Cost：予算、Delivery：納期）のフレームワークでは、コストと品質・納期の間で、トレードオフの関係があり、これもある種の対極性が存在します。ＱＣＤ全体で高いパフォーマンスを上げるには、トレードオフの関係を理解して、いかにしてバランスを調整するのかが重要になってきます。

プロジェクトに対する投資対効果は、投資に対しての利益（リターン）が妥当かどうかの対極関係を検討することでもあります。

あらゆることがプラス面ばかりでも、マイナス面ばかりでもありません。リスクを取ることで、大きなリターンを獲得できることもあります。このように物事には両面があることを常に意識しておくことで、さまざまなことを客観的に判断することができるようになります。現場のスタッフたちとは異なる視点でプロジェクトを見て、スタッフが見落としがちなことをアドバイスしたり、指摘したりする客観的思考が必要なプロジェクトマネージャーには、欠かせない視点といえます。

二項対立の構造を崩す

これは、対極主義とは異なる考え方です。現実をどうとらえて、どのように取り組んでいくか、その一つのアプローチとして、「二項対立の構造を崩す」という哲学的な考えがあります。「善と悪」「主観と客観」などの「優・劣」の対立する2つの要素を再考し、両者の関係性を崩すことで多層的な理解を目指す、もしくは柔軟で包括的な視点を見つけるアプローチです。

この「二項対立の構造を崩す」考え方には、いくつか方法があります。1つ目は「脱構築」です。2つの相反する要素の間に潜む曖昧や矛盾を示して、白黒はっきりさせられないことを証明する方法です。

2つ目は「相対化」です。対立している2つの要素に違う概念を持ってくることで、この二項対立をなくす考え方です。例えば、プロジェクトに関わる2つの部門が利害関係で衝突していたときに目線を上位に上げて、全社的な最適化という共通の目的を持つことで2つの部門の対立を解消することが可能になります。

3つ目は「中間領域の探求」です。これは中間にあるグレーゾーンに着目し、新しい理解や視点を見つける方法です。

最後は、二項とは異なる視点を取り入れて二項対立を超えた多面的な理解をとらえる「多様な視点の導入」という方法です。世の中には「100%これが正しい」というものは存在しません。プロジェクトが目指す目的に向けてそこに関わるステークホルダーが前に進めるようにするためにも、対立構造を生み出さない働きかけがプロジェクトマネージャーには必要になってきます。

順調な状態を疑ってかかる

プロジェクトにおいて順風満帆という状態は、むしろ珍しいことです。もし、そのような状態が続いているのであれば、疑ってかかることも、プロジェクトマネージャーとして重要な役割になってきます。プロジェクトとは、新たなサービスや成果を創出するための活動です。クライアントなどの組織に対してこれまでにない考えを導入することでもあるため、これまでのやり方と矛盾することも生じ、衝突やトラブルが起きることが常です。ですから、それらの問題が顕在化されているほうがプロジェクトとして健全であるといえます。特にプロジェクトの立ち上げ期は課題が多いのが一般的です。

この状態を評価するために、課題管理表の精度は大きな目安となります。課題管理表に挙がっている課題の数が少ないのはプロジェクトが順調に進行しているのではなく、課題が正しく報告されていない、あるいは見落とされている可能性があります。プロジェクトマネージャーはそこを疑って取り組むべきです。

問題が表面化しないプロジェクトは、いつまで経っても課題管理表が空白なままです。管理表を見ているだけだと、何も問題なくプロジェクトが順調に進んでいると思われますが、空白すぎる課題管理表は要注意です。

このように、管理表というオフィシャルなルートでは、課題が顕在化されないことも珍しくありません。「ルールが徹底されていない」「波風を起こしたくないので反映しない」「担当者の問題認識が甘い」など、理由はいろいろあります。

その場合は正式ルートでない場を設けて、細かく実態を深掘りする必要があります。正式な定例会議の場合は参加人数が多いため、ネガティブな情報を発信するのを避ける人がいます。こちらから課題やミスなどの報告を促す発信をしても改善がみられない場合は、周りの目を気にせずに本音で話せるように、個別の対話や少人数で集まる場を別途つくり、隠れた本質的な課題を引き出していきます。これはプロジェクトマネージャーとして大事な役割です。

そのほかにも、担当者がどのように解決すればよいか分からず、現場で手が止まってしまって、なかなか決着できない課題もあります。現場で解決できない場合は、早くエスカレーションして、上位者の指示や判断を仰ぐ必要があります。例えば、作業量が多すぎて、現場のスタッフだけでは対処できない事態が起きているときには、現場担当者の残業が増えたり、納期遅れが繰り返されたりするだけで、その人個人に任せていても問題はいっこうに解決しません。現場に解決策がないのであれば、より上位層の視点で課題解決を図るべきです。メンバーには、現場で解決できない問題は遠慮なく声を上げるように促すこともプロジェクトを円滑に推進するためには重要なことです。

なお、この「疑う」対象はあくまでプロジェクトの状態です。ある特定の「個人を疑う」ということではありません。現実的には、ある個人が怠けたり能力が足りなかったりすることにより、こちらが期待する成果を達成できないこともあります。しかし、個人の能力や取り組み姿勢、その仕事ぶりに対しての評価は、人事管理の範疇《はんちゅう》になります。プロジェクトマネージャーとして取り組むべきは特定個人を疑ったり、非難したりすることではなく、現在生じている問題に着目し、その問題の解決にフォーカスすることです。「メンバーの選考が間違っていたのか」「タスクが想定したよりも難しかったのか」など、プロジェクトマネジメントとしての課題に特化して、改善に向けてそれらを解消することです。人選のアンマッチが原因であれば、担当を入れ替えるという対策を取るのがやるべきことであり、担当者を非難することではありません。プロジェクトマネージャーは、ここでも自分の感情に左右されるのではなく、客観的に考えて、対応することが大切です。

予定調和は危険信号

「予定調和」というのは、予定どおりに物事が起きる状態のことです。ステークホルダーの思惑どおりに周囲が動くことを指し、ビジネスではあまりいい意味で使われません。プロジェクトにおいても同様です。プロジェクトの進捗報告などで、メンバーから毎回「順調です」「スケジュールどおりです」という言葉を聞いた際には、予定調和の力学が働いている可能性があります。大きな波風を起こしたくないという意識の表れであり、多くの場合は担当者が上司の顔色をうかがったりベンダーがクライアントに忖度《そんたく》したりして、相手の好まない報告を避けるときに起こります。本来は深刻なリスクがあるにもかかわらず、それを大したことはないと評価しようという認知バイアスが原因になっていることもあります。予定調和はプロジェクト運営において常に潜んでいる危険信号の一つと解釈すべきです。

ベンダー担当者からこのように予定調和な状態で報告されることも少なくありません。現段階での進行スケジュールについての報告を求めても毎回「大丈夫です」としか返答しない、あるいは遅れがあっても「今週中にはリカバリーできます」といった想定内の状態だというのを繰り返して強調しがちです。これでは本来知りたい実態が分からず、クライアント側にも伝わりません。

私はこうした予定調和が続くあるプロジェクトに、PMOコンサルタントという第三者の立場で参画し、ベンダーとは異なる視点でプロジェクトを評価することもあります。例えば、もともと立てているスケジュールと実態を比較して一日でも遅れたら「遅延ではないか」と機械的に発言するようにしています。ベンダー担当者から「計画上は遅れていても、2~3日の遅れなので大丈夫です」という報告がされた場合、2~3日の遅れというのがはっきり分かっているのであれば、本来は計画を見直さなければいけません。こうした細かな遅れを見逃していると、正確な実態が把握できなくなることがあります。プロジェクトマネージャーは常に客観的な立場でその進捗を評価し、ベンダーやクライアントが同じ視点で状況認識できるようにすることがプロジェクトを成功させるポイントになってきます。

悪魔の代弁者を投入する

同じような考えを持った人が集まっている同質的な組織は一体感があり、プロジェクトは円滑に進んでいくため、一見すると順調に見えます。しかし、そういった組織では実は「意思決定の質が下がる」「創造的なアイデアが欠如する」などの課題があります。

同質的な組織は、物事をさまざまな視点から検証しない傾向があるため、何か問題が発生した際にも、その課題に気づきにくく、もし気づいた人がいたとしても発言しづらく、その対処法などの新たなアイデアが生まれにくい環境をつくってしまいがちです。

そこで、従来とは異なる反対意見を会議の場などであえて発信することで、異なる角度から1つのテーマについてディベートする機会を生み出すきっかけをつくることがあります。そして、従来の視点や考えにおける欠点を明確にして、新たな施策や代替案を見いだすことにもつなげられます。このようなアプローチを「悪魔の代弁者を投入する」と言います。

同じような思考を持つチームや組織は、異なる意見を持つ少数派に対しても同じ考えを求めるなど、同調圧力を生みやすく、誤った方向に進んでいくと誰も止めることができなくなってしまうことがあります。こうしたチームでプロジェクトを進めていくと、内心では「このままではまずい」と思っていても、誰も声を上げることができません。その結果、引き返すことができないところまできた時点でようやく手を打つことになり、コストも作業時間も無駄になってしまいます。

また、悪魔の代弁者を投入し、あえてチームの調和を崩すことで、既存の概念にとらわれずに、自由に発言できる機会をつくり、新たなアイデアを生み出すこともできるのです。

プロジェクトマネージャーは、自分自身がその「悪魔の代弁者」になることもあれば、ほかのメンバーにその役を担ってもらうことで、その場を活性化させる仕組みをつくり上げることも時には必要です。

本書で紹介している哲学・思想のコンセプト

第5章

- 対極主義（岡本太郎）
  相反するものの緊張や対立のなかから
  新しい価値やエネルギーを生み出す
- 脱構築（ジャック・デリダ）
  二項対立に縛られていないか？
- 予定調和（ゴッドフリート・ヴィルヘルム・ライプニッツ）
  神があらかじめ定めた計画の呪縛
- 悪魔の代弁者（ジョン・スチュアート・ミル）
  あえて難癖をつける人の重要性

第6章

プロジェクトの成否を分けるのはAIではなく人間
プロジェクトマネジメントの哲学が
激動の時代において
ビジネスだけでなく人生をも豊かにする

プロジェクトマネジメントは変革の時代を乗り越える最強の武器

人間には、潜在的に安全を求める欲求が根本に備わっています。これは、アメリカの心理学者であるアブラハム・マズローの欲求5段階説における第2階層の欲求であり、生理的欲求の次にくる根源的な欲求です。だからこそ変化に対して、慎重になってしまったり、あるいはそれを嫌がったりするわけです。

以前のように世の中が安定していれば、これまでの経験が自分の身を守るうえで非常に有用でした。しかし、これからの時代は、前提条件がどんどん変わっていくので、過去のやり方だけにしがみついていると、「大丈夫だ」と思っていたルールが変わっていることに気づかずに、知らないうちに自分だけが取り残される事態にもなってしまいます。また、変わることへの免疫がないために、不安やストレスに押し潰されてしまい、それがまた新たなチャレンジの足を引っ張る障害になることもあります。

このVUCAの時代においては、「変化への耐久性」をいかに高めていくかが重要であり、この本のなかで紹介しているプロジェクトマネジメント哲学が活かせると自負しています。また、人間が「論理的な正しさだけを追求する」ことも限界が来ているようにも思います。「論理的に明確になっている」「言語化されている」ということは、再現性があり、模倣が可能ということでもあります。それを突き詰めていくと、ほかと差別化できなくなってしまいます。また、言語化できるこの領域は、ＡＩが最も得意としており、今後は人間が論理的に正しいことを追求することの付加価値が下がり、存在価値を発揮できなくなっていくのではないかと懸念しています。

私がこれまで実践してきたプロジェクトマネジメント哲学には、プロジェクトで生じるさまざまな問題、困難、矛盾、変化にいかに対処していくかという考え方が凝縮されています。

私たちは、これからビジネスや人生において、過去に経験したことのない出来事や事象に直面することになります。ＡＩとの共存は、その最たるものです。これからの人間社会においては、知らない間にＡＩがさまざま場面で活用されるようになり、それによって何が起こるのか、どうなってしまうのか、誰にも予測がつきません。そういった状況下で、これから人間がどのような行動を取っていけばいいのかを考えたときに、プロジェクトマネージャーとしてのさまざまな経験で身につけてきた「引き出し」がヒントを与えてくれることもあるはずです。しかし、これまで誰も経験していないことに対しては、「引き出し」だけでは対応できないこともあるのは事実です。世の中に明確な答えがあるわけではないからこそ、自分たちで納得解をつくり出していくことが必要になってきます。プロジェクトマネジメント哲学は、その解を導き出す手助けになると考えています。新しい変化をいち早く読み取ったり順応したり、自分たちが将来目指すべき目的やゴールから今やるべきことを洗い出して取り組んでいくことに応用が可能です。例えば前者であれば帰納法を活用して、個別の変化から見いだした共通点から原理原則を導き出し、順応していくことができます。後者では、バックキャスト思考法を用いて、将来の目的から逆算して、今何に取り組むのか明確にしていくことができます。このように、ここで紹介したプロジェクトマネジメントの哲学や行動規範が必ず役に立ってきます。

プロジェクトマネジメント哲学は、ＰＭＢＯＫ６で詳述しているような論理的に正しいことを追求した結果としての実務的ノウハウや方法論とは異なり、個別の事象に左右されない、どんなプロジェクトにおいても応用できる本質を追求しようとする考え方です。さまざまなことが目まぐるしく変わるなかでは、本質をとらえることの重要性がますます増しています。本質を追求するためにも、プロジェクトマネジメント哲学は活かせる思考です。

ビジネスや日常生活において本質を突き詰めていこうとしたときに、何が本質なのかが分からないことも少なくありません。そのときには、「仮説立案→検証→課題抽出」の考え方を活用すれば、本質を早期に把握することができるかもしれません。仮説を立てて、違っていたら次の課題を考えて試してみる。従来の積み上げ式の演繹的なアプローチだと、論理的に正しいことを突き詰めるために、まず理論上で正しい答えを出してから実行（検証）するという流れになります。それだと時間もかかり、進めていくなかで前提が変わることも起きてしまいます。そうなれば、せっかく導き出した答えを実行に移しても、それ自体が意味のないことになってしまいます。

現代の状況に合った思考法を応用し、それによって導き出された答えをよりどころにしておけば、ビジネスも含め、日常生活における細かな出来事や変化にも振り回されなくなります。

個人のキャリアと人生を充実させる

「ワークライフバランス」という言葉は、仕事とプライベートを切り分け、それぞれを両立させる考え方として広く使われています。しかし、私はこの考え方に違和感を覚えていました。

本来、仕事はライフ（人生）の一部であり、「ワーク」と「ライフ」を対立させる発想には疑問があります。まるで「仕事は義務的でつまらないものだから、プライベートの時間を確保して楽しむべきだ」と言われているように感じるのです。もちろん価値観は人それぞれですが、仕事と人生を一体化させる「ワークインライフ」「ワークアズライフ」という考え方のほうが、社会人にとっては本来のあり方に近い気がするのです。

一日の平均的な就業時間は8時間です。睡眠時間を除くと、人が朝起きて夜寝るまでの半分の時間を仕事に使っています。そう考えると、仕事は人生そのものと言っても過言ではありません。これを義務としてやり過ごしてしまうのは、あまりにも人生を損しているように思います。仕事もプライベートと同じように楽しみ、逆にプライベートも単に楽しむだけではなく、仕事のようにやりがいや達成感を持てるようになれば理想的です。

人生はプロジェクトの積み重ねです。仕事でプロジェクトをやり遂げたときの達成感は大きいですが、それをプライベートにも応用できれば、仕事とプライベートを区別する必要はなくなります。仕事の経験がプライベートに活かされ、プライベートの充実が仕事の質を高める。このような相乗効果が生まれれば、人生そのものがより充実したものになるはずです。プロジェクトマネジメントの哲学を日常にも取り入れ、一つひとつの目標を意識的に達成していく。そうすれば、仕事もプライベートも、自分の人生を豊かにする大切なプロジェクトになるのです。このとき、バックキャスト思考の考え方を応用します。将来の「ありたい自分」を明確にして、そこから逆算して現在の年齢から途中に設けたマイルストーンでやるべきことを明確にしていくことで、いつまでに何をやらなければならないかという人生のロードマップを作成していくこともできます。自分の人生プランを考える際にも、使えるリソース（人脈や友人・家族、時間、お金）は何でどのくらいあるのかは、常に意識する必要があります。むしろビジネス以上に、自分の持つリソースは有限であるため常に明確にしておかないと目的を達成することができません。

特にお金（コスト）というのは、将来の備えとして蓄えておくことも大切ですが、使うべきときに使ってこそお金の価値があるのです。自分が亡くなるときがいちばんお金持ちというのは、お金というリソースをうまく活用して充実感や楽しさを最大化できたとはいえません。人生にとっての充実感や楽しさというリターンが得られるときには、思い切って投資する気持ちでお金を使うべきです。そのためにも、人生というプロジェクトの目的やゴールをしっかりと設定しておきます。目的が設定されていないから、とりあえずお金を貯《た》めておこうという思考に陥ってしまうのです。お金や時間という人生のリソースを有効活用するためにもバックキャスト思考によるゴール設定は有効な方法なのです。

プロジェクトマネジメント哲学のなかでは触れていませんが、目標設定のためのフレームワークとして、メジャーリーガーである大谷翔平選手が取り組んでいたことで有名になった「マンダラチャート」があります。これもバックキャスト思考と同じで、まず9×

9＝81マスを作成して、その中央に自分の最終目標を明記します。続いてその周りに最終目標を達成するための必要条件を設定し、さらに残りのマスにはおのおのの必要条件を達成するための具体的な課題・タスクを入れていきます。

大谷選手が高校時代に作成したマンダラチャートの最終目標は「プロ8球団からドラフト1位指名を受ける」ことでしたが、これは彼の人生の最終目標というよりも、あくまで通過点にすぎず、今は「野球そのものを大きくバージョンアップする」「人が到達できないところへ到達する」といったさらなる高みを目指しているのだと思います。これも未来思考の考え方であり、環境の変化に左右されずになりたい自分や目指したい目標を実現するための道標の役割を担っています。ここでも、最終目的（目標）を設定することの重要性、そしてそこにたどり着くまでのマイルストーンをしっかり設計することの必要性が表れています。

人生というプロジェクトのオーナーは自分自身

人生においては、自分自身がプロジェクトマネージャーだけでなくプロジェクトオーナーでもあります。つまり、すべての決裁権を持っているのです。

プロジェクトでは、同質性組織よりも異質性組織のほうが新たなアイデアが生まれやすく、間違ったディレクションを補正する力が働くため、変化の激しい時代には適した組織といわれています。これまで成功を収めてきた有名企業を見ても、CEOとCOO、社長と副社長が異なるタイプであることが多いです。お互いの得意領域で力を発揮しつつ、それぞれの弱点を補完し合う関係があるからこそ、強い組織になり、斬新なアイデアを提案・実行しながらも、確実にオペレーションを定着させ、事業を成長につなげていくのです。一般的にはCEOや社長であるトップが強烈なビジョンと情熱を持って突き進むかたわらで、COOや副社長が冷静かつ堅実に財務を分析し、実務をこなしているスタイルがよくみられます。

プロジェクトにおけるオーナーとマネージャーもこの関係性を持っています。人生では、オーナーとマネージャーが自分自身、つまり同一人物になるため、この両者の違いを意識し、一人二役を演じなければならず、そういう点での難しさが非常にあります。例えば、ある目的に情熱を燃やして熱くなって走っている自分のかたわらで、冷静にそれを見つめ、リスクを見極め、時にはストップをかけることを自らで行わなければなりません。

この難易度の高い局面を切り抜けていくためには、プロジェクトマネジメント哲学における基本の信条として第2章で紹介した、一歩引いて物事に関わる「中庸の徳」の考え方が大いに役に立ちます。

また、自分の人生は自分一人だけでマネジメントしているわけではなく、家族、友人、先輩、同僚など、自分の周囲にいるさまざまなステークホルダーとコミュニケーションを図りながら、いかに相互にWin－Winな関係を築き、目的達成に向けて前進するかが大切であり、これもプロジェクトにおけるさまざまなコミュニケーション能力が活きてくるわけです。

ビジネスのプロジェクト以上に、トラブルが多いのが人生です。目的を設定して、その達成を目指して取り組むものの、本人の病気や家族の介護、そのほかにもさまざまなトラブルなどに見舞われ、思いどおりにいかないことが数多く発生します。自分自身のおかれている環境が大きく変わってしまったときは、状況に合わせて人生プランを再設計して、軌道修正するしかありません。いわゆる不測の事態、予期していなかったリスクが発生したときへの対処と同じ状況です。

プロジェクトのリスクマネジメントには、発生前と発生後のマネジメントがあり、それぞれ対応が異なってきます。発生前は、通常そのリスク自体を発生させない、あるいはリスクの発生確率を抑える対処を行います。リスクマネジメントとして推奨されているのは、リスクが発生する前に行う事前回避の対応です。これは最近医学分野で予防医学が注目されているのと同じで、その後に必要とされる医療費を抑え、健康寿命を延ばすことにつながるからです。プロジェクトマネジメントでも同じように、発生前のリスク対応はコスト抑制と目標達成への最短アプローチに直結します。

しかし現実的には、事前にリスクを100％回避するのは難しく、どうしてもなんらかの障害や不測の事態は起きてしまいます。そもそも前提としていた社会環境が変化してしまうため、不可抗力的にリスクが発生してしまう確率も以前と比べると圧倒的に高くなっています。毎年必ず健康診断を受けていても、病気にかかってしまうことがあるように。

リスク発生後のマネジメントと同じように、各リスクを「発生頻度×影響度」で分析して、評価し対策を考えておく必要があります。そのような対策を施すことが、リスクが発生しても、それをなるべく早く修復させ、損害が広がらないようにするためのテクニックともいえます。人生におけるさまざまな不測の事態、病気だけでなく災害や事故に対してもリスクマネジメントは十分に応用できます。

とはいっても実際は、こうしたリスクマネジメントをそこまで細かく行う人は多くないと思います。しかし、自分の目的達成に対して、影響度の高いリスクに対しては、あらかじめ対応策を整理しておいても、損することは決してありません。万が一リスクが発生した場合には、事前に準備ができていることで、心に余裕を持って臨むことができ、無駄な判断や費用などを軽減できます。

趣味も人間関係も、マルチタスクに挑戦する

仕事一筋という人もいますが、人生100年時代といわれている昨今においては、仕事だけの人生ではもったいないと思います。それに仕事以外で充実できる時間を持つことが、適度にストレスを解消し、健全な生活を送ることにもつながります。

また、育児や介護など変化していくおのおののライフステージにおいて、いかなるときにも仕事とプライベートの両立は欠かせません。まさにマルチタスクの考え方を応用できるはずです。自分のエネルギーや時間をうまく分散させて、趣味や家事などさまざまな機会を持つことに活用します。例えば趣味でいえば、テニスや水泳、サーフィン、音楽、ジョギング、将棋、ジム、写真、映画鑑賞など少しずつ自分の興味のあることをかじってみる。育児や介護もほかの家族に協力してもらったり、外部のサービスを利用したりして、それだけにかかりっきりにならないようにする工夫はいろいろとできます。

こうすることで、一つのことに行き詰まりストレスを抱えたり嫌気がさしたりしても、

ほかの趣味や好きなことに気持ちを切り替えることができます。これもマルチタスクな働き方の応用といえます。

同時並行で複数のことを行うマルチタスクの取り組みは、人間関係にも応用できます。特定の人に依存しすぎると裏切られたり、関係が悪化してしまったときのショックは大きいものです。そんなとき、しばらく冷却期間をおいて、その間ほかの人と付き合いを深めたりすることで状況の改善を図ることもできます。また、一人の意見だけでなく、いろんな人からのさまざまな視点による意見を聞くことで、考え方が偏ることもなく多様な価値観を受け入れられるようになります。さまざまな考えを自分の中に取り入れて、人生にも役立つ「引き出し」を一つでも多くつくっていくのです。

木を見て森を見ずにならない

プロジェクトが大規模化、複雑化するのと同様に、社会や人生も複雑さを増しています。大規模化した物事は、自分の意思とは関係なく細分化され、気づけば狭い世界しか見えなくなってしまいます。

しかし、価値観の多様化やグローバル化が進む今、目の前の「木」だけでなく「森」を見る視点が求められます。これには、意識的に視座を変えることが不可欠です。例えば、ほかの人の立場になって考えたり、自分とは違う価値観を持つ人と交流したりすることで、新たな視野が拓けるのです。こうした姿勢は、プロジェクトだけでなく、人生を豊かにする鍵にもなります。ここでプロジェクトマネジメント哲学の「中庸の徳」や「足るを知る」という信条が活きてきます。

また、人との関係においても、対立ではなく協調を目指すことが重要です。問題が発生した際に、「なぜできないんだ」と責めるのではなく、「どうすれば解決できるか」を考えるのです。このときに、コンフリクトマネジメントが大いに役に立つはずです。

プロジェクトは、誰かが一方的に損をしたり、得をしたりする仕組みではありません。それは人生も同じです。成功とは個人の利益ではなく、関わる全員が納得し、協力してゴールを達成することにあります。だからこそ、プロジェクトマネージャーは主語を「I（私）」ではなく、「WE（私たち）」とし、感情すらマネジメントの要素として扱い、メンタルバイアスの罠《わな》にかからないようにすべきです。人生においても人間関係で悩む人は数多くいます。プロジェクトマネジメント哲学は、人生にも応用できます。視座を広げ適度なバランスを保ち、他者と協調すること――それが、より良い人生を築くための指針になると、私は考えています。

今の時代にこそプロジェクトマネジメント哲学が活かせる

私自身は、性格診断を行うと社交的とはいえず、内向的に分類されます。SNSもほとんどやっていません。今の時代は人脈ネットワークなどつながりの広さが大事だといわれています。私も頭では分かっているのですが、実際はそれほど積極的には取り組んでおらず、不得手な分野の一つです。

しかし、ビジネスでもプライベートでも、そんな本性とは裏腹に社交的に見られることのほうが多く、確かに人と話すことは好きですし、ワイワイ騒ぐことも嫌いではなく、むしろそういう場には積極的に参加するほうです。しかしこれは社交的な性格からきているのではなく、楽しい空間や時間をどうすればみんなと共有できるのかを考えて、行動するというプロジェクトマネジメントの視点からとらえているところがあるからだと思います。そんなときは、私は無意識のうちにプロジェクトマネジメント哲学を総動員しているのです。

VUCAの時代になって不確実性が高くなり、物事を計画的に進めるのが難しくなってきましたが、プロジェクトマネジメント自体は常にリソースを管理して、ステークホルダーとの関係性を見極め、リスクに対して適切に対応することで、成功の確率を高めていくための普遍的な正攻法だといえます。

言い換えればギャンブルとは対極にあるといえるかもしれません。私自身ギャンブルは得意ではないですし、好きでもありません。ゴールにたどり着くための確率を、サイコロの目（運）にかけるのではなく、プロジェクトの構成要素を検討しコントロールする経験を積み重ねて、プロジェクトマネジメント哲学に磨きをかけることで、成功の確率を上げることのほうを好みます。人生においても、同じだと思っています。

時代の変化を脅威からチャンスに変える

人生を取り巻く環境（経済環境、人間関係、国際情勢など）が目まぐるしく変化している昨今において、それを恐れていても現状は何も変わりません。むしろこれからの時代は、それを脅威と考えるのではなく、こうした不確実で、先が読めない環境を変化が生まれるチャンスにあふれた時代になったという認識の転換が大事になってきます。

“Change/Chance”

「g」を「c」に変えるだけで、「変化（Change）」が「チャンス（Chance）」になるのです。プロジェクトマネジメント哲学は、「どのように変化を読むか」「いかに変化を利用するか」「変化を楽しむか」ということのヒントを与えてくれます。自分自身の変化への耐久性を養うことで、未曽有の時代を楽しく生きていくことができるようになるのです。

ＡＩは人間にとっての代替、脅威といわれていますが、そうではなく人間の能力をより引き出し、パフォーマンスを高めてくれるパートナーと考えるべきです。それは、過去の技術革新と同じです。車が発明されて、それまでの馬車が人や荷物を運んでいた時代に比べて、はるかに速く遠く、人や荷物を移動させることができるようになりました。コンピュータが発明されたときも、人間は手で行っていた定型作業の多くをコンピュータに任せることができ、自らはそれ以外の付加価値の高いクリエイティブな仕事に専念できるようになり、利便性や生産性が飛躍的に高まりました。

生成ＡＩは、膨大な知識・記憶の倉庫であり、ここからあらゆる知識を引き出し、その知識・データを使って演算処理を行うという点では人間の能力を凌《りょう》駕《が》します。その一方で、ゼロから新しい価値（＝知恵）の創造や論理的に説明できないこと、言語化できないが確からしいことなど、感性を活かすことについては、生成ＡＩではまだ高い精度のものを実現することはできません。これこそが人間の強みであり、この強みを活かすことに人間はこだわり、ここにやりがいや喜びを求めるべきだと思います。

「失敗は成功のもと」とは、失敗は途中でやめてしまうから失敗になるのであり、成功するまで続けることができれば、失敗にはならない、という意味です。松下幸之助氏は、この言葉を用いて、改良を重ねることで失敗を糧にし、成功へとつなげる重要性を説きました。しかし一方で、岡本太郎氏は「成功は失敗のもと」と語ります。成功すると、人は満足して努力を怠り、成長が止まってしまう。その結果、過去の成功にとらわれ、変化に対応できなくなる。それこそが真の失敗だと言ったのです。

では、どうすれば成功に甘んじることなく成長を続けられるのか。ここで重要なのは、常に新たな課題に挑戦し、「もっと良くできるのではないか」と考え続ける姿勢です。人間は本来、どんな時代にも順応できる力を持っています。しかし、何も考えずに日常を過ごしていては、その能力を発揮することはできません。普段から物事を疑ってみたり、なんらかの仮説を立てたりしながら取り組むことで、変化に振り回されず、変化をチャンスに変え得る能力が身につくのです。我々が生きている激動の時代は、実は、多くのチャンスであふれているのです。

本書で紹介している哲学・思想のコンセプト

第6章

● 欲求5段階説（アブラハム・マズロー）

人間の欲求は5段階から成り、

下の欲求が満たされると次の欲求へ向かう

おわりに

社会は、さまざまなプロジェクトによって構成されています。企業統合、経営戦略、DX改革、新規事業、働き方改革など、ビジネスの現場においても多岐にわたります。

こうしたプロジェクトの数に比べて、プロジェクトマネージャーは圧倒的に少ないといわれています。それもそのはずで、プロジェクトマネジメントが取り扱う領域が幅広く、一つとして同じプロジェクトがなく、かつ複雑で困難な調整業務も数多くあるため、なり手が少ないのだと思います。

実際、単発のプロジェクトだけでも想定外のさまざまな困難にぶつかります。そして、プロジェクトに関わるスタッフだけでなく、周囲にいるさまざまなステークホルダーが、それぞれの立場で不平・不満を発し、他者を非難し、プロジェクトチームとして一つになることがなかなかできません。そんななかでも、プロジェクトを成功させるために、プロジェクトマネージャーはチームをまとめようとしますが、報われない苦労を背負って疲労困憊《こんぱい》するだけです。これでは誰もハッピーにならないどころか、みんなでお互いを不幸にしているだけです。

今から20年前の私は、プロジェクトマネージャーとしてそんな状態でした。むしろまとめるどころか、反対にチームの和を乱していたかもしれません。常に、プロジェクトの中心には自分（プロジェクトマネージャー）があり、ステークホルダーたちとのディスカッションでは、私（I）を主語に行動や意思決定を行っていました。どれだけプロジェクトマネージャーが気を吐いて、プロジェクトを推進しようとしても、チームメンバーが自分のやることに対して共感し、自律的に動き出さなければ、プロジェクトは前には進みません。プロジェクトを成功させるためには、プロジェクトの主役（主語）は私（I）ではなく私たち（WE）でなければなりません。そういうチームになれば、みんながプロジェクトの利益のために同じ方向へ動き出し、尽力するようになります。

また、プロジェクトマネジメントを追求していくためには、楽しむことも大事です。ゲームはハマると夢中になり、たとえ難易度が高くなっても面白くなっていきます。難易度が高いステージをクリアするほど大きな達成感が得られます。プロジェクトマネジメントも同じようにとらえることができます。

難しいプロジェクトよりも簡単なプロジェクトのほうが楽で、プレッシャーも少ないため選びがちですが、これまで経験したことの範囲内でできるプロジェクトには刺激がなく、ゲームと同じですぐに飽きてしまいます。新たな学びがないので、プロジェクトマネージャーとしての成長も実感できません。

その点、難易度が高いプロジェクトは、次々と迫ってくる課題に対して、頭をフル回転させなければなりません。なかには、これまで経験したこともない課題も出てくるでしょう。プロジェクトマネージャーはこれらの課題に対し面倒に感じるのではなく、緊張感を持ちながらも難しいパズルを解くように、楽しんでいく姿勢が大切です。

私は最近、非常に難易度の高いプロジェクトのマネジメント支援をしています。最初にこのプロジェクトの概要を聞いたとき、果たして自分に役割がまっとうできるだろうかと躊躇する気持ちが浮かびました。断ることもできたのですが、私はそのプロジェクトに参加することを決めました。「うまくできそうなことをうまくやる」よりも「うまくできそうにないことをうまくやる」ほうが、ずっとモチベーションが上がり、自分自身の学びと成長につながると考えたからです。

ＰＭＢＯＫの最新バージョンで示されたプロジェクトマネジメント12の原理・原則の最初が「スチュワードシップ（Stewardship）」です。スチュワード（Steward）は「世話役・執事」、シップ（-ship）は「役割・責任」という意味ですから、「世話役としての責任・務め」ということになります。私自身、この言葉をどのように解釈すればよいのか、プロジェクトマネジメントにとって重要な原理原則のいちばん初めになぜこの言葉が用いられているのか、すぐには理解ができませんでした。しかし、絶えず変化し続ける不安定な現代社会において、プロジェクトマネジメントの世界も方法論などのいわば教科書の中に書かれた一般的なノウハウは、すぐに陳腐化してしまうかＡＩに代替される時代に突入しています。そんな環境のなかで、プロジェクトマネージャーがよりどころにすべきなのは、小手先の知識やノウハウではなく人間としての倫理観・誠実さであり、それが「スチュワードシップ」という言葉に凝縮されているのだと納得、そして共感するまでに至りました。

この本で解説している考えや行動規範はガイドラインやトレーニングから理論や理屈として習得したものではありません。プロジェクトマネージャーというキャリアを30年以上にわたって積み重ねるなかで、私が現場の実体験から学んだいわば暗黙知の集合体です。私の会社では本書で紹介した内容を実践的に学ぶセミナーも開催しています。半日または1日のコースを基本に、企業のニーズに応じてアレンジも可能です。しかし最近になって、この暗黙知を、きちんと言語化された形式知に変換したいと考えたのが本書の出版を決断したきっかけです。

これまでプロジェクトマネジメントの世界に足を踏み入れることに躊躇していた方々が、あるいは変化の激しい不安定な環境に翻弄されつつあったプロジェクトマネージャーが、本書を通じて新たな一歩を踏み出せることを心から願っています。

後藤彰弘（ごとう　あきひろ）

1968年生まれ。コンサルティング会社（旧デロイトトーマツコンサルティング）と事業会社経営管理・IT部門（電通グループ）の2社（おのおの10年以上）を経験。前職の電通では、約10年間中国に駐在して、現地法人の経営管理全般を担当。経営・組織戦略、ITから財務・人事管理、内部統制に至る経営管理（コーポレート）領域の基盤整備（業務改革）プロジェクトを推進。駐在最後の2年間は英国広告会社買収に伴う海外事業の再編にも関与。外国籍企業との経営統合を実務レベルで経験。帰国後、キタゾエアンドカンパニーにてITコンサルタントとしてのキャリアを再スタート。

2017年、業務改革およびプロジェクト管理（PMO：Project Management Office）を専門とする株式会社MixturePlusを起業、現在に至る。

本書についての
ご意見・ご感想はコチラ

予測不能な時代に確実に成功へ導く
プロジェクトマネジメント

2025 年 4 月 23 日　第 1 刷発行

著　者　　後藤彰弘
発行人　　久保田貴幸

発行元　　株式会社 幻冬舎メディアコンサルティング
〒151-0051　東京都渋谷区千駄ヶ谷4-9-7
電話　03-5411-6440（編集）

発売元　　株式会社 幻冬舎
〒151-0051　東京都渋谷区千駄ヶ谷4-9-7
電話　03-5411-6222（営業）

印刷・製本　中央精版印刷株式会社
装　丁　　村上次郎

検印廃止

ISBN 978-4-344-94881-5 C0034
幻冬舎メディアコンサルティングＨＰ
https://www.gentosha-mc.com/